PEUT-ON ÊTRE UNE BONNE MÈRE ?

DU MÊME AUTEUR

Les Enfants de Jocaste, Denoël, 1980.
La Psychafamille, Carrère, 1988, rééd. Denoël, 1990.
Illustrations de Dominique Olivier.
Les Filles d'Ève, Denoël, 1990.
Les Fils d'Oreste, Flammarion, 1994.
L'Ogre intérieur, Fayard, 1998.

Ouvrage de Christiane Olivier
déjà paru dans la même collection :

Petit livre à l'usage des pères, Fayard, 1999.

à paraître :

Violence et mort chez l'enfant.
Œdipe et sexualité chez l'enfant.
Je suis mal à l'école, mais...

Christiane Olivier

Peut-on être une bonne mère ?

Fayard

« Elle allait leur donner tant d'amour que leur vie entière, tissée de soins et de bons offices, perdrait son sens hors de sa présence. »

BORIS VIAN, *L'Arrache-Cœur.*

1

LES MÈRES : ÉTAT DES LIEUX

Pourquoi écrire sur les mères, sur la place des mères, sur le rôle des mères ? Ont-elles besoin d'être reconnues « mères » alors que leur toute-puissance s'inscrit déjà dans les sourires suscités par leur silhouette arrondie, prometteuse d'une nouvelle vie ?

Être deux en « un », n'est-ce pas le fantasme commun à tous les humains depuis le long séjour de chacun à l'intérieur de l'Autre, vivant avec cet Autre en tant que fœtus ? Ne restons-nous pas obsédés par cette fusion qui a précédé notre naissance ? Fusion que nous retrouvons, le temps de l'orgasme, pour la reperdre aussitôt. Seule la connaîtra de nouveau la mère ! Quel privilège ! Quel avantage pris sur tous les autres !... Avantage que la mère voudrait bien garder plus longtemps que ces neuf mois écoulés... Seule à avoir partagé la vie du fœtus, elle aimerait être la seule à partager celle de l'enfant.

Les mères ne se sentent-elles pas les nids sacrés où se fabriquent les êtres humains ? Et, jusqu'au milieu du siècle finissant, n'étaient-elles pas que cela : des nids d'enfants ? Jusqu'à l'avènement du féminisme, elles y trouvaient à la fois leur jouissance et leur utilité.

Pendant vingt siècles et plus, les femmes n'ont pas eu le choix : elles « tombaient » enceintes au gré des lunes, au gré des hommes, maris ou amants, et les « faiseuses d'anges » avaient bien de l'ouvrage ! Les *Poil de carotte*, les *Bon Petit Diable*, les *David Copperfield* servaient de prototypes à une littérature enfantine basée sur le malheur d'être né un jour d'une mère non désirante.

Il y a quarante ans à peine, attendre un enfant n'était pas obligatoirement une joie, mais le plus souvent un devoir inhérent au mariage, continuation d'une famille que chacun considérait comme sacrée. Donc on se mariait avec plus ou moins d'amour pour se reproduire et continuer la famille. Il suffisait d'avoir cet idéal en commun pour passer la vie ensemble sans trop d'amour, mais avec beaucoup d'enfants et une nombreuse parentèle : on n'était jamais seul, et si l'on supportait mieux les difficultés du couple, peut-être était-ce qu'à défaut de communication conjugale, celle-ci s'effectuait souvent volontiers avec les proches de la famille.

L'amour n'était pas, comme aujourd'hui, le ciment principal et parfois exclusif de la cellule familiale ; il n'avait pas à être parfait ! Il avait à être arrangeant pour les deux parties, et tant mieux si les époux se plaisaient de surcroît ! Actuellement, l'amour doit se vivre « intensément » ou partir « à la casse » avec les enfants qui vont avec...

Une famille sans le père

Ces enfants retourneront alors à la seule mère, comme si le père n'avait été qu'un artefact dans l'existence de la femme et des enfants. Ceux-ci sont considérés d'emblée comme « siens », puisque portés, acceptés et nourris (et peut-être aussi souhaités) par elle qui, grâce à la contraception féminine, est devenue la seule véritable responsable en cette affaire.

Qu'en pense l'homme ? Dans 66 % des cas, il pense lui aussi qu'il doit laisser les enfants à la mère, car « être mère » est un rôle qu'on prend et assume pour la vie, alors qu'« être père », c'est selon... N'est-il pas, ce père, aux dires des psychanalystes, un géniteur « accessoire », voire un « gêneur » entre la mère et l'enfant ?

Car si les pères se retrouvent à 85 % écartés de leur enfant au moment du divorce, c'est, d'une part, parce que dans 66 % des cas ils n'ont rien fait pour en obtenir la garde (34 % d'entre eux la demandent, 10 % l'obtiennent), et, d'autre part, parce que la justice, mettant ses enquêteurs en chasse, n'a aucun mal à prouver que ledit père ne « paternait » pas vraiment l'enfant. Tout juste lui servait-il de représentant symbolique du père, ce qui peut fort bien continuer dans l'absence et malgré la distance. Le père recevra donc l'absence et la distance en partage, plus la charge à la fois symbolique et réelle (financière) de l'enfant, mais jamais, à aucun moment, sa charge éducative ou affective. On n'éduque pas un enfant en ne le voyant que deux jours sur quinze !

On ne saurait incriminer directement la justice, mais plutôt la société dans laquelle nous vivons et où hommes et femmes ne s'accordent que sur ce seul point : *l'enfant appartient d'abord à sa mère.* C'est ainsi qu'ont vécu tous les pères (y compris celui de la psychanalyse !) : reconnaissant la souveraineté des femmes en tant que mères et ignorant que c'est de cette domination féminine exercée durant leur tendre enfance qu'ils tiennent leur misogynie actuelle. On peut d'ailleurs s'interroger : sont-ils conscients de leur misogynie ? Et les femmes qui la supportent quotidiennement et s'en plaignent en toutes occasions, en comprennent-elles seulement l'origine et les racines véritables ?

Alors, les mères, est-il besoin d'aller plus loin ? Pour voir où et quand, malgré toutes vos bonnes intentions, vous vous êtes fourvoyées dans l'éducation de vos enfants ?

Car vous le reconnaissez, aujourd'hui : ce qui vous « pourrit » la vie, c'est que votre compagnon est indifférent à la double journée que vous devez mener, au boulot et à la maison, estimant que vous avez « tout » voulu et que vous avez donc mérité de « tout » avoir ! Parfois, si c'est un homme qui vous aime, il vous donnera néanmoins un coup de main pour s'occuper de l'enfant, mais en respectant toutes vos consignes et tout ce que vous savez sur cet enfant, car il estime que vous seule le connaissez ! En tout cas mille fois mieux que lui, qui n'est capable que de réciter par cœur la composition de l'équipe du PSG ou de recenser les erreurs du dernier gardien de but de l'OM...

Vous avez voulu la place d'éducatrice ? Il vous l'accorde volontiers, et plus facilement qu'il n'accepte la parité sociale et politique avec vous. Ce n'est qu'au sujet de l'enfant qu'il est prêt à reconnaître qu'il est « nul », et, puisqu'il faut un ou une responsable, ce sera vous ! À vous le congé d'éducation parental, à vous les allocations, et à lui le boulot, un boulot qui ne salit pas ou salit moins les mains ! Certes, ses enfants seront toujours pour lui ses « gosses », ses mômes, ses « gniasses », voire ses « bouches à nourrir ». Et, s'il faut un jour divorcer, il vous les laissera, ces petits dont vous avez tenu absolument à vous faire aimer... Il paiera, en principe, une pension.

Sur ce point, en somme, il se trompe comme vous, au même endroit : la paternité n'est pas seulement un fait social, de même que la maternité n'est pas seulement un fait d'ordre privé !

Curieusement, les femmes ont voulu et presque obtenu – par les luttes du féminisme – la parité de l'emploi avec les hommes, mais, en arrière-fond, tout le monde pense que, si l'on vient à manquer d'emplois, les femmes en auront toujours un, tout trouvé, à la maison : les enfants. Personne ne semble avoir réfléchi que cette parité sociale entre les sexes doit en appeler une autre – familiale – auprès des enfants.

Cet oubli n'est pas indifférent, car, secrètement, chaque mère, même travaillant, souhaite, dès qu'elle en aura terminé avec ses horaires, retrouver l'amour exclusif de son enfant – un enfant qu'elle veut pour elle, elle seule. C'est ainsi qu'elle se plaint à tort de ses doubles journées, aboutissement de ses propres désirs.

Le ras-le-bol des mères

Si, certains soirs, la mère n'a plus envie de câliner « son » bébé et en viendrait à l'étrangler parce qu'il lui casse les oreilles, ce n'est pas qu'elle ne l'aime plus, mais qu'elle est au bout du rouleau et cherche à retrouver le calme et la solitude d'avant ce bébé... Un bébé qu'elle a voulu dans sa vie mais qu'elle n'a plus le temps d'aimer.

S'il a fait avancer les femmes sur le plan social, le féminisme a laissé l'homme à l'écart du champ familial et éducatif, comme s'il s'agissait là d'un domaine privatif réservé aux seules mères. Si l'on a pensé rapidement à prendre des dispositions correctes dans l'entreprise pour permettre aux femmes d'enfanter dans le rassurement, on n'a pensé à rien en faveur de celui qui avait conçu et allait accueillir l'enfant naissant : le père...

Celui-ci ne pense d'ailleurs pas à demander quoi que ce soit, alors qu'il devrait avoir droit à un mois de congé rémunéré pour paterner son enfant et créer avec lui un lien d'objet indispensable dès le départ entre parent et enfant. Partant le premier soir de l'hôpital ou de la clinique, il marche seul dans la rue, rêvant à son merveilleux « bébé », mais on ne lui a pas proposé et il n'a même pas osé demander un lit pour lui, afin de rester là, lui aussi, à contempler le fruit de ses amours.

Où est la logique de couple si, faisant un enfant à deux, dès qu'il arrive sur terre, ledit couple se scinde et l'enfant se retrouve seul avec sa mère ? Que ressent alors ce père ? Ne serait-il pas temps de le consulter sur la façon dont il perçoit l'avantage ainsi donné à la mère dès le premier jour ? Lui, le père, ne bénéficie que d'un simple droit de visite pendant quelques jours, alors que la mère, après une longue contemplation en tête à tête de son bébé (que tout le monde lui reconnaît comme sien), l'emmènera « chez elle », accessoirement chez eux... Vivre en couple, c'est vivre ensemble les grands comme les petits événements de la vie, or, celui-ci, qui est un des plus grands, est vécu tout à fait différemment par l'homme et par la femme.

Comment voulez-vous que la mère ne se sente pas requise pour la vie par cet enfant, et que cette énorme responsabilité n'en vienne pas parfois à la déborder, la faisant plonger dans ce fameux *baby blues* que tant de femmes connaissent et redoutent ? L'avenir lui apparaît brutalement comme obéré par la présence de cet enfant qu'elle aimait tant lorsque, blotti au fond de son ventre, il vivait la même vie qu'elle et qu'elle se sentait « bonne », c'est-à-dire positive pour lui. Aujourd'hui, elle se découvre tout à coup « ambivalente » vis-à-vis de ce nouvel être qu'elle envisage comme un devoir inéluctable, une charge qu'elle devra assumer seule, une responsabilité qui n'en finira pas : une vie qui va peser à tout jamais sur la sienne !

Aimantes, coupables, ambivalentes, telles sont les mères seules d'aujourd'hui, désireuses d'être « bonnes » sans trop savoir ce que cette notion recouvre au juste, ni combien de temps cette astreinte risque de durer... Mais pourquoi la mère est-elle prête à « se sacrifier », elle et sa vie de femme, alors que l'homme, lui, est simplement prêt à aimer cet enfant et à l'assumer sa vie durant ?

L'homme n'a pas été pendant neuf mois responsable et comptable de la vie de son enfant, et il a pour lui, lors de sa naissance, des sentiments d'amour qui ne passent pas encore par le corps. C'est d'ailleurs le travail du père « paternant » que de s'employer dès les premiers jours à découvrir l'enfant à travers son corps : en le baignant, le nourrissant éventuellement, afin de partager cette responsabilité du corps du bébé que la mère a déjà porté depuis de longs mois.

Jusqu'à présent, on a joué de cette différence de position par rapport au fœtus pour délimiter la place du père, toujours loin du corps de l'enfant, n'ayant avec lui qu'un rapport de parole. Le fait nouveau est que la mère, travaillant, puisse compter sur celui avec qui elle a fait l'enfant, mais ceci demande qu'elle-même accepte et assume sa propre division : elle est mère et travailleuse. Elle passera alors d'une fonction à l'autre tout en demandant à ce que le père fasse de même.

La place de mère n'est pas un trône définitif, dévolu pour la vie entière ; c'est un passage dans une vie de femme, comme celle du père l'est dans la vie de l'homme qui a voulu cet enfant. Occuper sa place de parent requiert beaucoup de temps les premières années, puis de moins en moins au fur et à mesure que l'enfant grandit et rejoint la société des enfants de son âge.

Car nous faisons des enfants pour qu'ils deviennent adultes, et être parent ne consiste pas forcément à instaurer un paradis d'amour, les trois premières années, pour lancer abruptement l'« enfant-roi » dans le monde cruel des autres enfants de la maternelle. Nous savons tous, pour l'avoir observé, que l'enfance est sans pitié, car sans possibilité d'envisager l'Autre comme un autre soi-même. Il faut du temps pour éveiller l'enfant à l'idée que l'Autre existe lui aussi, avec un corps, et que taper dessus lui fait mal...

Or son premier Autre, c'est nous !

L'identification à nos parents nous permet de nous assimiler du dehors à la position intérieure de l'Autre, de nous figurer une minute à sa place, nous permettant ainsi de renoncer à la plupart des actes cruels ou même criminels projetés à son encontre. C'est donc avec nos parents que nous apprenons que les autres existent, veulent, se défendent, tout en continuant à nous aimer...

Cet enfant sorti d'un autre corps humain, nous allons devoir, nous les parents, lui apprendre progressivement à quitter la symbiose primitive avec le corps de la mère, pour le faire vivre au contact d'autres êtres humains et poursuivre sa route entre sa famille native et une société prête à l'accueillir comme membre à part entière d'une nouvelle génération.

Pourquoi les mères voudraient-elles prolonger cette symbiose régressive, pourquoi se croiraient-elles les seules à pouvoir humaniser les enfants ?

Sont-elles les seules à pouvoir être « bonnes » ?

2

QUI A PARLÉ DE « BONNES » MÈRES ?

Nous avons vu à quel point l'homme et la femme sont d'accord pour laisser la responsabilité de l'enfant à celle qui l'a porté, et ce n'est que depuis peu de temps, et devant deux phénomènes sociaux nouveaux (divorce et violence), que l'on commence à se demander s'il est si bon que cela que les mères passent toujours pour être les seules « bonnes » pour les enfants.

• Le divorce se généralisant, on ne cesse de voir des pères dépossédés de leurs enfants. S'ils étaient sans voix au début, certains se mettent aujourd'hui en colère et fondent des associations pour regrouper ceux qui refusent de payer par la perte de leurs enfants le prix de leur discorde avec une femme. Nous voyons ces pères en colère réclamer ce qu'accorde la justice en général : que la loi du sang soit respectée et appliquée, et que cet enfant « reste » leur enfant, puisqu'il est de leur sang !

Mais certains d'entre eux commencent à se rendre compte que la loi du sang ne suffit pas à corroborer l'appartenance affective et que les femmes bénéficient d'un attachement autrement plus sûr, parce que longuement cultivé. Aussi, quand dans le couple le torchon brûle, le père propose enfin d'accompagner l'enfant à l'école (puisqu'il passe par là), ou chez le médecin si l'horaire lui convient, voire de garder le bébé si Véronique tient à aller au cinéma... Mais, la plupart du temps, les pères comprennent trop tard que l'attachement n'est ni miraculeux ni obligatoire, mais qu'il se construit lentement, par la présence, l'attention et les soins prodigués à l'enfant, et dans la mesure où l'on s'occupe de lui fréquemment (ce que les mères savent depuis toujours).

• Le deuxième point qui nous fait nous poser des questions sur la façon dont les mères ont élevé ces chers petits, c'est la fameuse violence des adolescents. De fait, ces bébés-objets de femmes seules qui ne les sanctionnent pas, ne les frappent jamais, ayant toujours peur qu'ils se sentent mal aimés, deviennent souvent, dès l'âge de 12-14 ans, des adolescents difficiles qui ont pris l'avantage sur les adultes.

C'est comme si, dans leur berceau doré, ils n'avaient pas appris le respect de l'Autre, mais seulement le respect que les autres avaient d'eux, de leurs pleurs et de leurs cris : alors ils hurlent, ils tapent, ils cassent les objets comme font les enfants de 2 ans en colère, mais, aujourd'hui, ils mesurent 1,80 mètre et leur caprice ne consiste plus à acheter l'auto rouge dans la vitrine, mais à la brûler ou à la voler... Nous avons affaire à la génération de parents qui a grandi en scandant puis en intériorisant le slogan « Il est interdit d'interdire », et aucun de ceux qui sont nés entre 1960 et 1980 ne veut toucher à ses enfants ni les priver de quoi que ce soit. C'est la génération *cool*, celle des mères compréhensives et doltoïennes, que leurs propres enfants ne comprennent pas.

Les fils des « bonnes » mères

Ce qui s'est passé pour eux, si désirés et si chéris par leurs mamans, c'est qu'ils sont devenus pour la plupart capricieux, égoïstes. S'ils se prennent pour le nombril de la famille, c'est qu'on a voulu (leur mère, surtout) les rendre heureux, toujours plus heureux, en ne lâchant jamais le système de relations en vigueur dans le premier âge : « Que veut mon bébé ? Je vais le lui donner tout de suite... » Ainsi est née et a grandi toute une génération d'enfants sans désirs, parce que ceux-ci ont été devancés en permanence par ceux des parents ; sans combativité suffisante, parce qu'on a sans cesse combattu à leur place ; sans respect d'aucun adulte – ni parents ni professeurs – parce qu'on ne leur a pas appris à respecter nos propres désirs. Ne pensent-ils pas exactement l'envers de ce qu'il faudrait clamer quand ils écrivent sur les murs des villes et de leurs lycées : « Respectez-nous et on vous respectera ! » ?

Quand, à l'adolescence, l'entrée en action des hormones et de leur propre sexualité les réveille enfin de leur longue dépendance aux parents et que leur identité entend se manifester pour la seconde fois de leur vie (la première étant située à 18 mois), le « je » qu'ils ont à dire alors se transforme en un énorme « moi » qui n'est fait que d'égocentrisme et d'une agressivité rentrée depuis des années envers de trop gentils parents qui ne leur ont jamais opposé de limites et n'ont pas su se faire respecter.

Cette attitude des parents n'est pas très ancienne. Même si, naguère, le père ne s'occupait pas directement de l'enfant, il exerçait sur lui une autorité qui lui fut reconnue en propre jusqu'en 1972, date à laquelle une loi décréta brutalement que l'autorité était parentale, et appartenait donc aussi bien à la mère qu'au père. Décision qui paraissait très normale à une époque où la femme, de par le divorce ou la non-reconnaissance du géniteur, occupait de plus en plus la place de chef de famille, inaugurant le règne de la famille monoparentale. Mais, ce faisant, personne n'a pensé que, derrière chaque mère, il y a presque toujours une « bonne » mère qui ne veut pas toucher un seul cheveu de son enfant ni le frustrer sous aucun prétexte...

C'est la faute à Rousseau !

Elle était loin, l'époque du Moyen Âge ou le nouveau-né n'intéressait ni père ni mère, lesquels se couchaient parfois carrément sur lui, l'empêchant de respirer... L'infanticide était alors monnaie courante, y compris au sein des familles, et il a fallu attendre Jean-Jacques Rousseau, au XVIIIe siècle, pour que le petit d'homme soit considéré autrement que comme une chose ou un animal : « Nous naissons sensibles et, dès notre naissance, nous sommes affectés de diverses manières par les objets qui nous environnent... » Ou encore : « L'éducation de l'homme commence à la naissance ; avant de parler, avant que d'entendre, il s'instruit déjà[1]... » Pour Rousseau, la « véritable nourrice » est la mère, conception tout à fait novatrice dans un siècle où aussi bien les nobles que les artisans et commerçants plaçaient leurs enfants en nourrice chez une autre femme. Jean-Jacques venait de créer la notion de « bonne » mère.

On assista alors à un retour des mères près de leurs enfants et de charmants tableaux du XVIIIe nous montrent des scènes familiales où trône une mère légèrement dévêtue donnant le sein à son poupon vorace. Cette place centrale et indispensable de la mère nourricière se verra confortée, au siècle suivant, par un corps médical prônant les vertus de l'hygiène et de l'alimentation au sein : on venait de découvrir, avec Pasteur, l'existence des microbes et les conséquences désastreuses des maladies infectieuses sur la survie des nouveau-nés.

Il ne manquait plus que la découverte de l'inconscient par un homme du XIXe siècle élevé par sa mère pour attribuer aux seules mères la responsabilité de la formation précoce de l'inconscient. Freud écrit en effet : « Une mère serait vivement surprise si on lui disait qu'elle éveille ainsi, par ses tendresses, la pulsion sexuelle de son enfant, et en

1. Jean-Jacques Rousseau, *Émile ou de l'éducation* (1762).

détermine l'intensité future[1]. » Pour Freud, il suffit en effet d'une mère pour que l'enfant s'ouvre aux sensations et à la sensualité qui préfigurent sa jouissance d'adulte, et Winnicott lui emboîte le pas : « Si les bébés doivent finalement évoluer jusqu'à devenir des individus adultes, sains, indépendants et socialisés, il est absolument nécessaire qu'ils aient un bon départ. Ce bon départ est assuré grâce à l'existence d'un lien entre la mère et le bébé, grâce à ce qu'on appelle l'amour[2]... » Et, pour être sûr que nous avons bien compris qu'il n'y a que les mères pour être « bonnes », il ajoute : « Les pères peuvent être de "bonnes mères" pendant des périodes limitées... » !

Après cela, comment voulez-vous que les femmes ne soient pas culpabilisées à la seule idée de faire intervenir un père librement et longuement dans la formation des enfants ? Comment s'étonner que les femmes, même les plus féministes, soient restées ancrées dans l'idée que seule la mère peut et doit ouvrir l'enfant au monde de la sensualité et de l'affectivité ? Après Freud, il deve-

---

1. Sigmund Freud, *Trois essais sur la théorie de la sexualité*, éd. Gallimard, 1987.
2. Donald Woods Winnicott, *L'Enfant et sa famille*, rééd. Payot, 1991.

nait évident qu'elles seules pouvaient et devaient jouer auprès de lui le rôle de première éducatrice.

Du fait que le petit Sigmund avait été bourgeoisement élevé par sa mère, sans contact direct avec son père, nous avons eu droit, pour cent ans et plus, à la croyance que le père n'est d'aucun intérêt dans la prime enfance et ne doit prendre place auprès de l'enfant que pour « régenter » sa vie et son devenir, jamais ses affects ni ses pulsions premières.

C'est ainsi que la psychanalyse, fondée par un homme élevé à l'ancienne, a mis toutes les femmes au poste de gardiennes de l'inconscient infantile, mission qui est venue s'ajouter à leur rôle de nourricières déjà prévu par les pédiatres...

Difficile maintenant de faire changer les femmes d'idée là-dessus, après deux siècles de conseils prodigués aux mères par les livres, puis les magazines féminins, la radio, la télé, l'ensemble des médias : tout le monde ne veut-il pas les aider à être « bonnes », ces chères mères ? Tout le monde ne s'évertue-t-il pas à les rassurer, ces femmes courageuses, mais souvent bien seules ?

Le stress ou la maladie des mères

Après des années de lutte pour l'égalité avec l'homme, la femme se retrouve encore inégale, non plus cette fois dans l'infériorité, mais dans la supériorité : elle fait tout et veut tout bien faire ! D'où le stress des mères...

Elles ont de dures journées, celles qui doivent courir depuis la porte de l'entreprise jusqu'à la porte de la crèche qui ferme à 18 heures ! Ces femmes surchargées et suroccupées sont inquiètes, énervées, et se sentent le plus souvent « coupables ».

Des mères élèvent des enfants qu'elles ont désirés et elles se sentent coupables ? Qui pourrait le croire ? N'a-t-on pas tout fait, depuis le XVIIIe siècle, pour que les femmes aiment leurs enfants et s'occupent bien d'eux ?

Qu'elles les aiment, ces enfants, parce qu'elles les ont souhaités, on ne peut que s'en féliciter. Mais qu'à partir de là elles soient devenues les seules à pouvoir les « parenter », c'est mesurer à quel point le féminisme ne les a pas libérées par rapport à leur fonction de mères ! Est-ce bien cela que veulent les femmes d'aujourd'hui ? Sûrement pas, à en juger par le soin avec lequel elles veillent désormais à ce que la conception de l'enfant n'interfère jamais avec leurs obligations professionnelles ou leur ascension sociale...

Les femmes en sont venues à vouloir marier deux fonctions qui s'étaient trouvées jusque-là séparées : l'enfant et l'attachement affectif, d'une part ; le travail et la reconnaissance sociale, de l'autre. Deux fonctions si passionnantes et si différentes qu'aucun être humain ne devrait être privé ni de l'une ni de l'autre. Il revient à la guerre des sexes d'avoir privé l'homme du pouvoir sur ses enfants et la femme du pouvoir au sein de l'entreprise. Une guerre telle qu'il a fallu recourir à une loi instituant des quotas pour faire entrer les femmes en politique. Faudrait-il user d'un texte analogue pour faire « entrer » les hommes dans la nursery ?

Il semble bien que les fantasmes respectifs des hommes et des femmes se rejoignent là : les hommes n'ont aucune envie de partager le pouvoir avec les femmes, que ce soit à leur domicile ou à l'Assemblée nationale... Aux yeux des psychanalystes, il est clair que toute la vie d'un homme consistera à vouloir « ne pas être une femme » – comme le dit le psychanalyste américain Robert Stollers – tant qu'il aura pour seul parent éducateur une femme : sa mère. Ce danger de devenir femme, comme la mère, l'aura habité en tant qu'enfant mâle durant toute sa prime jeunesse, et ce n'est pas pour rien qu'il refuse de retrouver ce pouvoir au féminin dans sa vie adulte, sauf s'il s'applique à un autre que lui : l'enfant.

C'est en tant que mères ou qu'amantes que les hommes nous apprécient, nous autres femmes, et c'est, hélas, en tant que mères que nous nous précipitons dans le piège de leur misogynie ! Une misogynie qu'on a cru morte et enterrée avec le féminisme, mais qui est toujours là, bloquant l'avancée des femmes dans l'entreprise, l'accès de l'homme auprès du berceau...

Aujourd'hui, d'après l'INED, la moitié des femmes seules ont *choisi* ce statut, soit qu'elles aient un enfant sans père identifié, soit qu'elles aient demandé le divorce (ce sont presque toujours les femmes qui le demandent). À ces femmes créatrices de familles monoparentales, il faut encore ajouter les mères immigrées, femmes seules à la maison depuis toujours, perdues dans un pays démocratique où l'autorité du père ne se joue pas dans la rue...

Le résultat, c'est la violence, la non-reconnaissance des lois par un enfant à qui une mère seule et coupable a presque tout accordé, et qui, confronté à l'autorité scolaire ou simplement aux droits des autres, dans la rue ou les magasins, se sent devenir fou de n'être plus « le seul »... Ce bébé si respecté, choyé, aimé par une mère qui s'est voulue « bonne », devenu grand ne respectera ni n'aimera personne – ce qui tendrait à prouver que le père est nécessaire dans sa réalité physique et sa force d'homme, et non pas seulement « absent » ou

« symbolique », comme le voulaient Freud, Lacan et Dolto...

Il faut donc ouvrir d'autres livres que ceux de ces « bons » auteurs qui ont largement favorisé la symbolisation, puis la disparition des pères du champ de la vie de l'enfant. Il faut par exemple aller voir du côté des éthologues et psychologues de ces vingt dernières années. À force d'examiner le nouveau-né, ils ont découvert que celui-ci possède de remarquables facultés d'adaptation qui lui permettent, dès les premiers jours, sans le secours de la vue, de reconnaître tous les familiers de son berceau et de son corps – *et il n'y a pas que la mère !*

Nous voici partis pour un autre voyage : quittant provisoirement les « bonnes » mères, nous allons aller à la rencontre d'autres humains qui peuvent être de « bons » objets pour les enfants.

3

DÉSIR D'ENFANT

Désirer un enfant, c'est vouloir changer de statut par rapport à son corps et par rapport à celui de sa propre mère.

Avant d'être « bonne » mère, la femme souhaite simplement accéder à la place de mère, capable d'accueillir un enfant et de le porter en elle. Ce désir de concevoir un enfant est fondamental et constitue à ses yeux, semble-t-il, la dernière étape du « slalom géant » qu'a représenté sa transformation de petite fille mince et plate en femme dessinée et mamelonnée qui peut aussi s'arrondir et devenir mère à l'égal de sa propre mère.

Cette égalité progressivement conquise par rapport à une mère qui, lorsqu'on est petite fille, paraît toujours plus femme que soi, fait de l'adolescente puis de la jeune femme un être qui désire avoir un enfant – comme la mère. C'est la preuve qu'elle aussi est désirable, désirée, et capable de concevoir un enfant (d'un autre homme que le père).

Être mère renvoie forcément la jeune femme à ce qu'elle a déjà eu ou à ce qu'elle croit ne pas avoir reçu de sa propre mère. Au projet de concevoir un enfant, elle associe toujours l'idée de régler sa propre distance vis-à-vis de sa mère : dès les premiers jours de la conception et de la grossesse, on voit se jouer chez elle le dernier changement identificatoire avec celle qui a jadis servi de guide et de modèle à la petite fille.

En effet, il est toujours très long, le temps qui sépare la fille de son identité de femme, car la lenteur de l'évolution génitale du corps féminin fait d'elle quelqu'un qui se sert longtemps d'artifices externes pour asseoir et prouver une identité intérieure non repérable.

Si la seule relation d'enfance à la mère a fait du petit garçon un être sûr de sa différence de corps avec la femme, il n'en va pas de même pour la petite fille, peu assurée de sa ressemblance avec le corps de cette même mère qu'elle considère souvent comme trop sexuée et qui lui apparaît, de ce fait, inatteignable. Chaque étape de sa génitalité personnelle est alors perçue à la fois comme un avantage repris à la mère et comme un rapprochement de leurs deux continents (dits « noirs » par Freud, mais jusque-là plutôt « page blanche » pour la fille...).

En attendant d'accéder à l'âge adulte, toute vie de petite fille n'est qu'une longue pièce de théâtre dont nous connaissons les différentes scènes : passant de vos colliers à votre rouge à lèvres puis à vos chaussures à talons, votre fille cherche à s'imaginer « femme[1] », et vous ne devez jamais la blâmer pour ses efforts infructueux, ni sourire quand vous la voyez déambuler dans la cour de l'école en tenant « Arthur » par la main.

Pourquoi les femmes qui ont si longtemps souffert de cette infériorité infantile à la mère s'acharnent-elles plus tard à la reproduire en voulant rester le seul « bon » parent de leur enfant ? Rejetant le père ou s'éloignant de lui, elles refusent sa fonction de sauveur œdipien pour leur petite fille. Pourquoi ? Parce que chaque femme se figure à son tour, avec ses fantasmes à elle (en rapport avec sa propre mère), qu'elle est *la seule* à pouvoir éviter à sa fille de s'engager dans ses propres malheurs de petite fille. Ainsi chaque petite fille se doit de supporter le reliquat de la

1. Christiane Olivier, *La Psychafamille*, éd. Carrère, 1988, rééd. Denoël, 1990. Illustrations de Dominique Olivier.

relation mère/grand-mère : elle doit faire mieux qu'elles deux. Elle se doit d'avoir une bonne relation avec sa propre mère... pour le rassurement définitif de celle-ci !

« *Mauvaise*, j'étais *mauvaise*, parce que pas conforme à son idéal de femme... J'étais mauvaise parce que je n'étais pas ce qu'elle voulait... »

« Elle ne pouvait pas m'aimer, j'étais trop *différente* de ce qu'elle attendait... »

C'est ce que me disent parfois des femmes dénarcissisées, parlant de leur mère[1]. Ces mots expliquent bien quelle peut être l'attente d'une mère, et à quel point sa fille se sent incapable de la remplir. Elle devra attendre l'adolescence et parfois l'analyse pour donner ses propres preuves de féminité et échapper aux fantasmes maternels en parvenant à reformuler ces mots : « Mon enfance a été *ton* affaire, mais ma vie de femme sexuée sera *la mienne* ! »

C'est toujours dans le désir d'enfant et la maternité que la fille tente de prendre « ses marques » avec l'Autre femme – sa mère. Marques qui peuvent se transformer en essai réussi si la relation mère/fille précédente a paru acceptable. Marques qui peuvent dégénérer en

---

1. Christiane Olivier, *Les Filles d'Ève*, éd. Denoël, 1990.

mêlée si la première relation mère/fille a été orageuse et si la nouvelle mère tente de se montrer trop « bonne » mère... par rapport à l'Autre mère : la grand-mère !

Les poupées russes

L'histoire entre mère et fille a schématiquement deux issues possibles :

• refaire « comme » la mère, parce qu'on l'a trouvée « acceptable ». Dès lors, la jeune mère met sa mère dans la confidence et la fait devenir grand-mère ; elles seront deux femmes à aimer l'enfant, chacune à sa façon dans la mesure où elles font partie de générations différentes. C'est ainsi que débute la « lignée ». C'est par l'établissement de cette filiation générationnelle que la mère d'origine se retire du premier plan et que le croisement de générations s'opère, assurant la jeune femme qu'elle est définitivement « autre » que sa propre mère.

• faire « autrement » que la mère jugée « mauvaise », ce qui lance la jeune femme sur une route qui lui est totalement inconnue, où le « bon » est souvent confondu avec ce qui n'est « pas mauvais ». La mère cherchera alors à épargner à l'enfant tout ce dont elle a souffert. Ce qui revient à dire que, pour être « bonne », la jeune mère va « tout » donner à son enfant, sans jamais s'opposer à son désir ni lui faire subir aucune frustration. Elle est passée du côté de la « trop bonne » mère qui n'imposera le respect d'aucune loi à l'enfant, engendrant chez lui l'idée de toute-puissance et, chez elle, l'impossibilité à s'épanouir ailleurs que dans son rôle de mère.

Par ailleurs, cette jeune femme tiendra ses ascendants – surtout sa mère – très loin du couple et donc du berceau, faisant comprendre à tous qu'elle a toujours à craindre quelque chose d'une mère jugée « mauvaise », et qu'elle a tout à gagner à signaler sa « différence » d'avec elle. Ainsi, elle coupe le fil d'Ariane des générations et intronise des amis, voire des étrangers en lieu et place de famille ascendante. C'est une femme qui n'hésitera pas à épouser un étranger, espérant bien, par ce stratagème, changer de lignée et de filiation.

Vivre sa vie ou celle de l'enfant ?

Nous voyons beaucoup de femmes, pourtant intéressées par leur travail, avoir la tentation de l'abandonner pour se satisfaire du seul bonheur qu'elles lisent sur le visage de leur « bébé ». C'est, pour elles, une réparation – payée très cher – de leurs malheurs d'enfant.

Nous touchons là à l'ambivalence qui caractérise l'amour maternel : « Dois-je me sacrifier pour lui, pour son bonheur, ou dois-je continuer ma vie et lui laisser vivre le déchirement de m'avoir perdue ? » Il semble qu'à partir de l'enfantement, la mère ait un choix difficile à faire entre « continuer » sa vie ou la « recommencer » avec cet enfant dont elle peut orienter les désirs et recueillir la jouissance.

Il n'est pas difficile de déceler et mesurer la déception des mères qui ont voulu vivre leur enfant comme émanation et recommencement d'elles-mêmes, et qui ont ambitionné de se vivre enfin comme « bonne » à travers cet enfant.

Écoutez plutôt ces formulations entendues couramment entre femmes : « Il *m*'a fait une de ces angines ! » (qui signe l'idée que l'enfant se met en travers du souhait de sa mère), « Elle *m*'a piqué une de ces fièvres ! » », « Elle ne *me* finit jamais son biberon » (comme si l'enfant faisait exprès de s'opposer au projet maternel d'avoir un « bon » bébé !).

Observons aussi que ce sont les filles qui rencontrent le plus de difficultés alimentaires durant l'enfance et l'adolescence, signalant du côté féminin une résistance aux fantasmes et aux attentes des mères à leur endroit...

Et le père ?

De toute évidence, la mère ressent avec son enfant un lien de corps tout à fait particulier, mais, s'il est épanouissant avec le garçon qui lui apporte sa différence, il est parfois difficile et cruel avec la fille qui ne lui apporte rien de nouveau, mais déclenche une violente identification à rebours : « Tu seras mieux que moi, je ferai tout pour ça ! » La fille se trouve alors en position d'être « habitée » par le fantasme maternel, et très loin de pouvoir trouver son identité personnelle qui ne saurait lui être accordée que par le père œdipien découvrant en elle un *plus* de féminité.

Mais la mère, parfois plus blessée par le passé que rassurée par l'amour de son compagnon, ne peut s'empêcher d'être envahie devant sa fille par le sentiment de « réparation » : elle va choisir l'enfant et empêcher le père de jouer sa fonction. Ce qui explique que beaucoup de pères ne puissent entrer et s'avancer dans la cage aux lionnes où les mères défendent leurs petits contre d'imaginaires incestes ou mauvais traitements, alors qu'elles sont en train d'apprendre à l'enfant que la moitié de lui-même ne vaut rien, puisque provenant de ce père refusé comme paternant.

C'est l'antériorité séculaire des mères qui leur permet de jouer ainsi de la vie de leurs enfants tout en se persuadant qu'elles sont « bonnes », alors que n'est vraiment « bonne » mère que la femme qui reconnaît comme d'égale valeur les deux parties de l'enfant : celle qui vient du père, celle qui vient de la mère. C'est la seule attitude qui vaille pour assurer une bonne évolution et une solide identification à l'enfant.

Retenons donc ici qu'être « bonne » mère est un fantasme appartenant à une femme qui a eu des démêlés avec une « mauvaise » mère (pas toujours sa vraie mère), et que vouloir « être mère » est déjà en soi un souhait suffisant, signalant une évolution favorable de la mère envers la sienne propre, et donc envers sa propre fille.

Il existe un troisième positionnement vis-à-vis de sa mère, qui peut influer et déterminer le désir d'enfant chez la femme : c'est le refus de prendre le risque de se comparer à la mère (qui apparaît dans l'inconscient comme trop « dévoreuse » ou trop lointaine, et inatteignable). Il peut engendrer l'impossibilité de concevoir : la stérilité psychique. Celle-ci peut être parfois résolue au terme de quelques séances d'analyse au cours desquelles la jeune femme aura pris conscience qu'elle est en train de bloquer sa propre vie pour donner un coup d'arrêt aux fantasmes de sa mère.

Sera « bonne » une mère qui, la grossesse et l'accouchement passés, reprendra sa place de femme tout en ajoutant à ses amours existants celui du nouvel arrivé.

Les mères célibataires

L'évolution actuelle des femmes fait qu'elles cherchent, pour réaliser leur désir d'enfant, un prince charmant et tendre, doublé d'un père remarquable et adulte, modèle auquel les hommes d'aujourd'hui (essentiellement fils de leur mère) ne sont pas près de ressembler...

Et le désir d'enfant de ces femmes évoluées, autonomes et seules, que devient-il alors ? Il continue sa route comme rejeton inconscient et ultime d'une féminité à prouver et éprouver jusqu'au bout des possibilités d'un corps de femme. Ce corps qui a attendu depuis son plus jeune âge (les petites filles pouponnent à partir de 18 mois) de donner le jour à un autre corps, ne peut se résoudre à une telle « castration ». N'en serait-il pas de même pour un homme qui n'aurait jamais eu l'occasion d'éjaculer : serait-ce encore un homme ?

Nous sommes loin, avec ces femmes-là, du projet et du fantasme présents dans l'amour hétérosexuel : « Créons quelque chose de commun à toi et à moi. » Avoir un enfant seul, c'est donner lieu à des configurations familiales nouvelles, déroutantes, dont on connaît encore mal le destin : femmes célibataires ou divorcées, couples d'homosexuelles, etc. Seul conseil, pour l'heure : placer cet enfant le plus rapidement possible dans un contexte social pluri-sexuel, avec d'autres enfants et d'autres adultes, pour éviter un « fantasme de clonage » chez la mère et une réponse identificatoire difficultueuse et troublée chez l'enfant.

Si on a un enfant seule, il faut battre le rappel de ses parents (grands-parents, oncles, tantes, frères, sœurs...) et de ses amis masculins et féminins... Ainsi, l'enfant aura la possibilité de s'identifier à des schémas différents de celui de la famille traditionnelle : il vivra en *smala* ! Et, surtout, se trouvera libéré des fantasmes de sa seule mère.

4

LA CULPABILITÉ DES MÈRES

Que les femmes se soient dégagées par le féminisme d'une alternative radicale qui les obligeait à choisir la maternité contre l'indépendance affective et financière, on ne peut que s'en réjouir ! Mais que cette apparente liberté de choix se double d'une réalité qui va à l'encontre de la liberté d'être mère *ou* travailleuse, on ne peut s'y résoudre !

Car, pour ce qui est de l'enfant, on ne voit que très peu de structures prêtes à l'accueillir : sur 2,2 millions d'enfants de moins de 3 ans, seulement 8 % d'entre eux trouveront une place en crèche, 15 % d'enfants sont gardés à domicile par des assistantes maternelles, et 25 % sont casés chez les ascendants ou autres membres de la famille[1] ; le reste des bébés, soit la moitié (1,1 million), sont gardés au hasard des possibi-

1. CNAF, *Statistiques 1999.*

lités de la mère ou de ses amies et proches. Pour ce qui est du père, il n'en est question dans aucune statistique. *Le Monde* du 9 mars 1999 constate que sur 5 heures 45 de tâches domestiques quotidiennes, 80 % sont assurées par les femmes, et l'INSEE conclut de son côté qu'en matière de travail domestique, la femme en abat deux fois plus que l'homme.

Les femmes qui travaillent n'ont donc pas été déchargées de la responsabilité de l'enfant qui, à partir de sa naissance, vient envahir du poids de son existence leur vie entière, aussi bien au-dehors qu'au-dedans, y compris leurs heures et jours de repos.

Malgré l'avancée des femmes au sein de l'entreprise, la société n'a pour ainsi dire pas tenu compte du fait qu'il fallait en partie décharger de leur enfant les mères qui travaillent. On le leur a laissé comme le caprice le plus féminin et le plus tendre qui soit, tout en feignant de ne pas remarquer que le stress des femmes-mères s'accentue, les menaçant de surmenage, de dépression et d'ineffectivité dans leur travail.

Pour n'abandonner ni les enfants à droite, ni le travail à gauche, les femmes choisissent une voie de compromis qui leur rend tout on ne peut plus difficile, mais, comme la plupart des hommes les accusent d'avoir « tout » voulu, elles essaient d'assumer au mieux leur double tâche. Ainsi, comme le répètent les médias, elles « prennent » sur elles, et on se demande parfois comment elles peuvent encore sourire à un bébé quand elles ont stressé pour lui toute la journée... Telle mère s'en revient en effet le soir, épuisée, s'énervant dans le bus et le métro depuis 17 heures, elle se précipite enfin chez la nourrice ou à la crèche ; là, elle trouve parfois un enfant fiévreux ou enrhumé qu'il va donc falloir conduire chez le médecin le plus proche. Pourvu qu'elle ait encore le temps de porter l'ordonnance jusqu'à la pharmacie avant que celle-ci ne ferme !...

Les mères travaillent, mais la société résiste à leur évolution. Les modes de garde et les lieux de garde n'évoluent guère, et c'est à chaque mère de trouver son substitut pour toute journée d'absence : une grand-mère le mercredi, une amie le jeudi, une gardienne si on en découvre une avec qui s'entendre (une mère ne peut laisser son enfant qu'à une femme en qui elle a toute confiance), plus rarement la crèche et ses horaires draconiens ou impraticables (et encore faut-il avoir inscrit l'enfant dès sa conception, ou presque !).

Je suis son papa,
ne me demande pas d'être sa maman !

Depuis quarante ans, l'implication des femmes dans le monde du travail ne fait que s'élargir et s'accentuer, mais leur désir d 'avoir des enfants ne diminue pas, et c'est sur ce désir fondamental que jouent aussi bien l'État et les patrons que les maris eux-mêmes, car il faut reconnaître que le partage des tâches domestiques et éducatives évolue fort peu dans le couple, « Monsieur » n'étant jamais considéré nulle part comme ayant une double fonction de travailleur et de géniteur. Personne ne veut rien en savoir, et le père lui-même ne s'en plaint pas, n'ayant toujours pas compris qu'il avait un rôle d'homme à assumer auprès de son enfant, et que l'enfant éduqué exclusivement par la mère manquerait toujours de son support paternel.

Est-ce parce que les hommes élevés depuis vingt siècles par les mères ne perçoivent même pas leur misogynie ? Ni leur crainte d'être identifiés à une femme et de perdre ainsi leur masculinité (ce qui s'appelle en psychanalyse la « peur de castration », due selon Freud à la présence éducatrice de la seule mère) ?

Les hommes d'aujourd'hui ne voient-ils pas à quel point les femmes ne comptent plus sur eux, mais usent avec eux de leur séduction tout en se réservant pour elles seules les choses graves et importantes : comment aimer l'enfant ? comment en faire un adulte ? comment lui inspirer le goût de l'existence ? Et c'est encore elles qui, le plus souvent, après les besognes du soir, s'asseyent auprès de l'enfant pour l'aider à réviser ses leçons... « Monsieur », qui se dit « fatigué », se laisse absorber par le petit écran qui lui parle de choses lointaines, reposantes, car si jamais ce soir-là le présentateur annonce une émission tant soit peu sociologique ou familiale, il va se hâter de changer de chaîne ou s'éclipser dans la cuisine, ou encore plus simplement glisser dans le sommeil et l'absentéisme télévisuel...

La psychologie, même celle de son enfant, ne l'intéresse pas ; il pense que c'est là une affaire exclusivement féminine. Lui ne s'occupe que de la réalité des choses, il ne fait pas dans les états d'âme, il laisse ces vaticinations aux femmes et aux enfants... Ainsi, ayant fait un enfant ensemble pour se rapprocher davantage, le couple se trouve plus scindé qu'avant à cause de l'existence de cet enfant, et la femme – c'est elle qui demandera le plus souvent le divorce – comprend rapidement que l'absence ou la présence du père ne change pas grand-chose à sa vie ni à celle de l'enfant...

Si je suis seule ? Je suis seule !

Elle va donc repartir, son enfant sous le bras, se disant qu'elle fera au mieux... Certaines ne choisissent même pas le géniteur de leur futur enfant, mais s'adressent à des banques de sperme, ou à un homme d'un soir qu'elle ne reverront plus... Toujours en proie à son désir d'enfant, la femme le fait de plus en plus souvent seule et décide de l'élever seule également. A-t-elle raison ?

Certes non ! Mais qui l'aide dans ce parcours, à côté d'hommes qui se soucient plus de jouissance que d'enfantement ? Ceux-ci sont-ils restés des chasseurs invétérés ? Les femmes, elles, ne vivent plus en tout cas du produit de leur chasse, sachant elles-mêmes fort bien subvenir à leurs besoins. Si elles vivent dans les mêmes maisons ou appartements qu'eux, c'est pour des raisons affectives dont l'enfant fait toujours plus ou moins partie.

On se prend à rêver d'une politique à visage humain et à vocation familiale dont le niveau de vie ne serait pas le seul baromètre, mais où les priorités féminines et masculines seraient repensées, réorganisées en fonction de l'éventuelle apparition d'un enfant dans la famille. Il ne suffit pas d'accorder des congés maternité à la femme, mais il est nécessaire d'élaborer un nouveau statut des travailleurs – hommes et femmes – tenant compte de l'arrivée d'un bébé dans leur vie, car c'est à ce moment-là qu'ils ont autant d'obligations psychologiques et affectives à la maison que de responsabilités financières et créatives au sein de l'entreprise.

Les progrès accomplis dans la connaissance de la psychologie des nouveau-nés imposent aussi que l'on tienne compte de ce que ressentent les enfants, de ce qui est favorable ou défavorable à leur évolution, car ce que nous voulons – mères et pères confondus –, c'est avoir des enfants prêts à affronter la vie d'adulte et à en retirer un certain bonheur.

Pourquoi tant de mères se sentent-elles coupables vis-à-vis d'un enfant qu'elles ont voulu d'abord heureux ? Parce qu'elles pensent qu'absentes de sa vue, cet enfant ne peut plus être heureux de la même façon, et que personne d'autre n'est à même de l'aimer comme il a besoin... Mais là, ces mères font erreur, car des recherches récentes ont prouvé que l'enfant peut fort bien continuer à vivre au même niveau affectif avec un autre adulte connu de lui...

C'est moi qui l'ai fabriqué :
vous croyez que je vais le lâcher ?

Il faut dire que cette mère qui a « tout » été pour son enfant durant neuf mois n'imagine pas que celui-ci, une fois venu au monde, puisse être heureux sans elle ! C'est elle, le plus souvent, qui a du mal à cesser d'être enceinte, n'arrêtant pas de penser à l'enfant à qui elle veut, maintenant qu'il est dehors, assurer le même niveau de tranquillité (faux : dans un utérus, on n'est pas tranquille !), le même bonheur (faux : dans le ventre de la mère, il y a des jours où on n'est pas heureux !), la même réplétion stomacale (c'est ce qu'on lui conseille à présent de respecter en donnant le sein à la demande du bébé et non plus selon des règles digestives applicables aux adultes...).

Cette mère a donc du mal à quitter la première place, elle a de la peine à laisser son enfant ne serait-ce qu'une heure ou deux, imaginant sans cesse le « scénario de la perte » vécu par le bébé, alors que c'est elle qui vient de connaître l'abandon par un bébé qui l'a quittée lors de l'accouchement !

Les premiers mois, au lieu de s'en occuper à plusieurs, au lieu de le passer de bras en bras, les mères ont tendance à le reprendre très vite contre elles, ce bébé, imaginant que là est son seul vrai paradis, alors qu'on sait maintenant que l'enfant montre des facultés d'adaptation remarquables à tous les êtres vivant près de lui. Son contentement change de couleur et de tonalité selon l'adulte, chacun dégageant pour lui une odeur *sui generis*, faisant entendre un timbre de voix particulier, introduisant un portage différent, etc. Ceci, bien sûr, vaut particulièrement pour le père, car n'est-ce pas lui qui partage le plus souvent le même espace et respire le même air que l'enfant ? Nous en reparlerons en évoquant la nécessité de passer de la « bonne » mère aux « bons » parents.

Les femmes sont « malades » de se séparer de leurs enfants, mais ce sont les enfants qui fabriquent de réelles maladies psychosomatiques dues à l'abandon : voir le taux d'affections rhino-pharyngées et de bronchiolites dans les crèches... L'enfant ne peut-il donc rien trouver de bon à respirer dans un air laissé « vide » par l'absence maternelle ? C'est en tout cas souvent ainsi que les mères le ressentent...

La crèche : je suis si petit, et il y a tant de gens !

Il y a pourtant beaucoup d'autres gens à respirer dans une crèche, mais peut-être un peu trop pour que l'enfant puisse prendre ses repères, ces deux ou trois odeurs appartenant à des personnes avec qui il est familarisé. Souvent, dans les crèches, les unités sont trop grandes, le personnel trop changeant pour un jeune bébé qui cherche à s'initier et s'adapter à ceux qui l'entourent.

Il faut préparer l'adaptation de cet enfant en veillant à ce que la mère le laisse progressivement, et qu'il s'habitue un peu plus chaque jour à passer des bras de maman à ceux de la même Catherine qu'il retrouvera le lendemain. Il faut qu'un bébé de 2 mois amène avec lui un ou deux objets venant de chez lui, imprégnés de l'odeur de sa maison, car ils seront le fil d'Ariane qui lui permettra de suivre le dédale d'une vie ailleurs, mouvante, sans papa ni maman (jusqu'à l'âge de 8 mois, la journée devrait être coupée en deux par la visite d'un des parents).

Il y a beaucoup de règles propres aux nouveau-nés que l'affluence d'enfants dans les crèches ne permet pas de respecter, et l'enfant se trouve alors perturbé, ou devient indifférent, « suspendu » aux retrouvailles avec « ses » parents.

Dans ce cadre trop peuplé, trop bruyant, la tétine dans le bec, l'air éteint, il attend la fin de l'absence relationnelle, celle d'une si longue journée que je vous laisse imaginer : une jeune femme essoufflée accourt, l'œil rivé sur le bébé en vert, ou en bleu, ou aux cheveux frisés noirs, elle se précipite sur lui comme pour le sauver, se faire pardonner, comme pour lui faire oublier l'abandon qu'il a subi, elle le serre convulsivement dans ses bras pour lui faire sentir à quel point elle n'a pensé toute la journée qu'à lui, au moment où elle le retrouverait. Imaginez deux amoureux se retrouvant après une trop longue absence : ce n'est plus de l'amour, c'est de la rage !

Un enfant peut-il subir de tels débordements sans subodorer que maman est inquiète ?... Inquiète de son amour pour lui, dont elle se sent responsable et aujourd'hui, hélas, coupable !

Il faut « humaniser » les crèches, les faire « tourner » à l'allure des bébés, et non pas selon les horaires de leurs employées, car le bébé est plus sensible que la puéricultrice, même s'il n'en laisse rien paraître sous ses dehors indifférents... En fait, n'ayant plus de forces en fin de journée, il est en train d'apprendre qu'« absence » est synonyme d'« impossibilité à vivre », alors que la présence d'un adulte connu devrait l'inciter à continuer à vivre... Mais, en fin de journée, qui est là au juste ? Natacha ? Catherine ? ou Odile ?

La culpabilité ou le poison des bébés

Ce n'est pas bon, pour les bébés, d'avoir des mères coupables, car cela leur fait croire qu'il y a du « rattrapage » dans l'air, donc un « manque » du côté de l'amour, lequel sera engrangé inconsciemment par l'enfant et auquel il tâchera de parer à l'avenir. On ne s'étonnera pas qu'à 12 ou 18 ans, ce bébé, devenu presque adulte, ne se croira pas aimé de nous, ne cessera de formuler des demandes pour nous mettre à l'épreuve, sans pouvoir lui-même nous donner aucune preuve de ce qu'il pourra avancer... Ce sentiment, profond et inconscient, le fait basculer dans l'autodévalorisation, le besoin de compensation par la drogue ou l'alcool. Non, les « bonnes » mères « coupables » ne font pas les « bons » enfants !

Entre les mères qui exercent des activités professionnelles et leurs enfants se glisse inexorablement l'ombre du « manque » : manque de temps, manque de présence, manque de tendresse, manque d'attention, etc. Les mères sont alors parfois les premières à introduire le système des compensations : petits cadeaux incessants, prix exorbitant mis dans les accessoires d'habillement, ou pis encore : impossibilité de dire non aux désirs de l'enfant, incapacité de le frustrer, donc de l'éduquer.

Les mères « coupables » ne peuvent pas édicter et imposer de lois, ni sévir avec leurs enfants ; ceux-ci vont alors chercher des lois à l'extérieur, dans la rue avec les caïds de la drogue ou de la fauche. Il est à noter que l'apparition et l'essor de la délinquance adolescente, dans les années 1980, ont coïncidé avec l'arrivée d'une génération issue en 1965-1975 de mères qui se sont mises à divorcer couramment, ayant acquis d'une part l'« autorité » partagée avec le père et venant d'accéder d'autre part, grâce à la contraception, à des grossesses volontaires, répondant à leur seul désir. L'enfant ayant définitivement échappé à son géniteur et étant à la charge de sa mère, celle-ci a trouvé plus simple de s'en occuper seule, grâce à l'aide sociale mise en œuvre à l'intention des familles monoparentales, plutôt que de continuer sa route avec un père de plus en plus absent.

Mais, derrière chaque mère seule, il y a une femme « coupable » de ne pas assez en faire, de ne pas pou-

voir aimer pour deux. Le sentiment de solitude parentale, à l'origine de la culpabilité maternelle, risque fort de déboucher alors sur cette utopie : « Je serai une bonne mère qui exaucera tous tes désirs. » C'est cette « trop-mère » qui va ruiner le désir chez un enfant qui a une mère pensant à sa place, angoissant à sa place. Il n'a donc aucune inquiétude à se faire ni à la maison ni à l'école, il ne voit même plus ce qui fait problème : *il n'a plus de désirs.*

Un enfant qui compte trop sur sa mère et qui tient trop à elle ne tient plus à lui, il ne sait même pas ce qu'il veut, à part rester *là*, près d'elle. La première journée de maternelle est souvent terrible ! Plus tard, ils auront peur de partir du foyer et on les retrouvera parfois encore, à 27 ou 35 ans, vivant chez nous notre vie en oubliant la leur...

Être parent, c'est rester vivant !

La fonction des parents est de se prêter à certains moments aux enfants ; jamais de s'oublier ou de se sacrifier pour eux : car ce serait les faire vivre à notre place et perdre la nôtre, alors qu'ils ont besoin que nous l'occupions, cette place de repères à reconnaître ou à contester, mais jamais à ignorer... Les conflits entre générations doivent exister : ils permettent à chacune de marquer ses différences par rapport aux précédentes ; c'est ainsi qu'évolue la société.

Mais les parents refusent le conflit avec l'enfant, et les mères coupables en particulier le prennent pour un grief qu'elles retournent déjà contre elles-mêmes : « Oh, je sais bien que, quand il était petit, j'étais trop tendue, trop énervée... » « Mon fils ? Je ne l'ai jamais touché, sauf quand l'énervement me débordait, et là, ça tombait à propos de tout et de rien, il fallait que je me lâche enfin... »

La punition infligée ou la claque administrée ne peut être « éducative » et ressentie comme juste que si le parent la donne posément, logiquement, parce que tel était le châtiment promis ; mais le même geste devient sadisme aux yeux de l'enfant *quand le parent y cède sous le coup de la rage. Le geste devient alors négation de l'autre.* On parle de violence interdite sans savoir que le geste punitif n'est pas violent en soi. En revanche, le geste rageur d'un être excédé fait bien figure de tentative visant à réduire la personnalité de l'enfant à zéro...

Que de choses à mettre au point en ces temps d'inéducation par des parents et surtout des mères

« coupables » ! Quelle dérive, depuis que les femmes ont décrété : « Un enfant quand je veux, si je veux », oubliant totalement la concertation avec l'homme...

5

AMBIVALENCE ET AMOUR PARENTAL

(entretien avec une jeune mère)

LA MÈRE : Je lis, je dévore ces mots : « culpabilité », « manque », « amour », et j'ai du mal à croire que je vis tout cela ensemble, car je crois aimer tout le temps mon enfant et essaie précisément de lui éviter tous les manques. Mais chacune de ces notions me touche comme si je les connaissais par cœur, alors même que je suis convaincue de ne donner que de l'amour à mes enfants !

MOI : C'est ce que voulez, mais ce n'est pas toujours ce que vous ressentez inconsciemment, car un enfant qu'on prend en charge pratiquement seule, comme le font beaucoup de mères aujourd'hui, c'est très lourd, et on n'a pas toujours envie d'en faire ni d'en donner autant ! On regrette alors le temps de rêve où il dormait au fond de soi...

Si, par-dessus le marché, après avoir été nourri, changé, il se remet à pleurer et à brailler dès que vous l'avez posé dans son berceau, vous sentez soudain que c'en est trop pour vous ! Cependant, parce que vous savez consciemment que vous l'aimez et qu'il n'y a que vous pour le tirer de sa détresse, vous allez le reprendre un peu avec vous, ou lui parler, et en vous s'élève la voix de l'ogre intérieur, avec toute sa force, pour vous protéger et maudire ce petit trognon qui vous empêche de mettre la lessive en route et de ranger la cuisine ! Oh, quand va-t-il finir ? Ne peut-il pas sentir à quel point vous êtes fatiguée ? Et vous lui souriez, mais ce n'est pas votre cœur qui sourit, plutôt votre sens du devoir...

Il le sent ! Au bout d'un certain temps, il cherche à vous pousser à bout pour voir si vous acceptez de jouer au jeu dangereux consistant à se mettre à sa place de pauvre petit être incapable. Ne le laissez pas faire ! Ne devenez pas l'esclave d'un bébé qui doit aussi apprendre à supporter les autres ! Il n'est pas le roi, ici, mais un membre de la famille !

LA MÈRE : Alors je n'ai pas intérêt à dépasser les limites de ma propre patience, de mon propre amour avec mon enfant, pour le satisfaire ?

MOI : Non, sûrement pas ! Car s'oublier soi-même pour un autre réveille en nous les vieux fantômes de notre ego, toujours prêt à se défendre, et, après le dévouement accompagné de rouspétance intérieure, ne vous étonnez pas d'avoir un mouvement de rage si les pleurs viennent à reprendre ! Ne l'étranglez pas, mais fermez la porte entre lui et vous, ce sera bien pour tous les deux ! Car chacun de vous est engagé dans une dialectique d'annihilation de l'autre...

LA MÈRE : Une mère peut en arriver là ? Avec un bébé tellement souhaité et attendu, elle peut se révéler incapable d'entendre son désir ? Elle peut souhaiter sa disparition temporaire ?

MOI : Mais oui ! Un bébé est une personne. Il veut des choses qui ne sont pas les mêmes que nous. Nous avons avec les bébés des oppositions. Les mêmes que vous pouvez avoir avec votre mari ou votre sœur, à qui vous ne dites pas toujours « oui », n'est-ce pas ? L'amour qu'on croit unique, pur et total envers l'enfant est en même temps « ambivalent » : nous n'avons pas exactement les mêmes désirs que les êtres que nous aimons le plus.

Et, de même que certains soirs nous avons besoin de faire des choses différentes de celles qui vont occuper notre mari, de même, avec notre bébé, nous avons parfois besoin d'autre chose que satisfaire sa demande. Comme, durant ses premiers mois, il ne fera pas de compromis, ne reconnaissant pas la séparation fondamentale entre lui et nous, nous ferons ces compromis à sa place, mais de façon raisonnable... Pas question de rester auprès d'un enfant qui hurle jusqu'à trois heures du matin ! Après un troisième, ultime et vrai câlin, ne l'écoutez plus : vous lui avez dit que vous l'aimiez, il le sait ; cela suffit, même s'il trouve plus agréable de rester dans vos bras...

LA MÈRE : J'ai le plus grand mal à reconnaître si je fais les choses pour lui ou pour moi... Je vis tellement sa vie !

MOI : C'est de cela qu'il convient de se protéger le plus dans les premiers mois : cette assimilation dont vous avez une telle habitude. Elle ne peut que vous faire perdre votre place de femme tout en vous empêchant de lui faire mesurer la distance entre lui et vous, qui est à la base de son autonomie future.

Ne laissez pas la porte grande ouverte entre lui et vous au-delà du deuxième mois, car il en prendrait l'habitude et vous ne seriez plus jamais chez vous dans votre chambre ! Laissez-le avec un doudou et une tétine (s'il la veut) : il a tout ce qu'il lui faut pour la nuit. Ne le prenez pas dans votre lit, même s'il a de la fièvre. Après l'avoir soigné, remettez-le dans ses draps. Autrement, il risque fort d'avoir de la fièvre tous les jours !...

LA MÈRE : J'ai un problème avec mon petit bonhomme de 2 ans qui ne cesse de faire des bêtises. Je me demande si je ne suis pas pour lui une « trop bonne » mère, je veux dire par là une mauvaise mère qui lui laisse tout faire... J'ai si peur qu'il ne se croie pas aimé de moi que je crie, je crie après lui, mais sans pouvoir le toucher, et je sens qu'il sait que j'ai cette peur-là.

MOI : Oui, il devine la peur que vous ressentez qu'il ne se sente pas aimé de vous (aux accents de votre voix, ou même à l'odeur que vous dégagez : n'oubliez pas qu'il a un odorat de chien de chasse !) ; il est même capable, si vous lui donnez une tape, de hurler comme si vous l'aviez blessé, mais c'est de la frime ! Ne le consolez pas, laissez-le faire son cinéma d'enfant martyrisé (qu'il n'est pas) et, après quelques minutes que vous aurez mises à profit pour faire autre chose, proposez-lui quelque activité ludique. S'il refuse, tant pis pour lui et tant mieux pour vous ! Vous ne l'avez fait que pour rétablir entre vous la paix et l'amitié ; après tout, cette main tendue, il a aussi le droit de la refuser...

LA MÈRE : Si c'est moi qui le tape, est-ce que je ne risque pas de le rabaisser ? C'est un petit homme, et moi, en tant que femme, je ne voudrais pas l'humilier...

MOI : Encore soumise au pouvoir ancestral de l'homme et au respect que nous lui devions ? Vous retardez, madame ! En psychanalyse, on parlerait, en ce qui concerne votre relation à cet enfant, d'un rejeton de votre *amour idéal pour votre père* (même s'il s'agit de votre fils). Quant à lui, si cette relation continue ainsi de vous à lui, il en viendra à souffrir réellement de *la crainte de castration*, c'est-à-dire de la peur de devenir une femme, et vous savez où cela risque de mener un homme par rapport aux autres femmes et aux bébés ! Ne faites donc pas de votre enfant un homme qui aura peur du pouvoir de la femme, comme vous avez peur du vôtre aujourd'hui !

Votre pouvoir n'est que d'ordre éducatif et parental...

La mère : Vous savez, c'est toujours cette même idée d'être gentille avec lui que je trimballe...

Moi : Hélas, je ne le sais que trop ! Toutes les mères aujourd'hui en sont là : comment élever mon enfant sans le gronder ? Elles croient que gronder équivaut à ne plus aimer ! Moi, je crois que votre amour n'est jamais mis en doute par l'enfant, même si vous sévissez contre lui parce qu'il a désobéi, dans la mesure où vous le grondez tout de suite, quand vous êtes encore calme. En revanche, si vous laissez monter l'orage, la claque sera terrible, parce qu'elle aura emprunté le chemin de la colère et de la destruction, ce que l'enfant repère très bien[1]... Un geste fait avec rage par un parent excédé révèle à l'enfant qu'on est prêt à lui faire mal, à se défaire de lui, et c'est un traumatisme pour lui.

Pourquoi les alcooliques sont-ils si dangereux dans le cours d'une éducation ? Parce qu'à la moindre opposition ils perdent leur contrôle et

1. *Cf.* Christiane Olivier, *L'Ogre intérieur*, Fayard, 1998.

hurlent en frappant violemment celui qui s'est dressé face à eux. L'enfant sent alors que son père ne l'aime pas, et c'est une immense sensation d'abandon qui le laisse blessé pour toujours... Vous voyez là toute la différence entre un parent violent et un parent éducateur, qui, de temps en temps, donne une tape ou une claque à l'enfant récalcitrant.

LA MÈRE : Nous n'en sommes pas là, mais, bien souvent, je suis contente que mon mari rentre et se charge de sévir avec les enfants. Comme cela, je peux rester la maman gentille et secourable...

MOI : Vous croyez qu'il vaut mieux haïr le père et jamais la mère ? Croyez-vous qu'il soit indifférent, pour une fille comme pour un garçon, de ne pas se sentir aimé et estimé de son père ? Si vous saviez les pleurs que l'on verse, dans mon cabinet de consultation, autour de ce grand « oublié-silencieux-mystérieux » qu'a été le père, parfois aux côtés d'une mère dite « bonne » mais dont les faveurs relèvent presque toujours du dévouement à elle-même !

Il vaut mieux que chaque parent se montre pour ce qu'il est, corrige ou aime l'enfant à sa façon, sans trop s'imposer de sacrifices qui pourraient un jour leur faire dire que l'enfant est « mauvais », puisqu'eux-mêmes ont « tout » fait pour lui...

6

FREUD RELU ET CORRIGÉ

Freud n'est pas le seul à avoir étudié la formation de la structure psychique du nouveau-né, et si, le premier, il s'y est intéressé dès le début du XXe siècle, éthologues, psychologues et biologistes ont repris le flambeau vers la fin de ce même siècle : entre 1970 et 1980, ils ont établi que, contrairement à ce que croyait Freud, le premier attachement ne tenait pas uniquement à la faim et à l'allaitement, mais plus sûrement au besoin de contact, de relation et d'échange avec autrui.

Déjà bien avant cette date, citant la revue *Enfance* de 1959[1], Henry Wallon avait écrit : « L'individu est essentiellement social. Il l'est non par suite de contingences extérieures, mais par suite d'une nécessité intime. Il l'est *génétiquement.* » Voilà le grand mot lâché : le petit bébé

1. Revue *Enfance*, n° spécial, 1959, p. 279 et 286.

n'est pas uniquement programmé, comme l'avait cru Freud, pour éviter la faim et la mort, mais pour établir un lien social précoce avec ceux ou celles qui s'occupent de lui. Malgré un équipement neurophysiologique rudimentaire, le bébé a un besoin vital de communiquer avec nous dès les premiers jours, et nos seuls pas ou notre seule parole peuvent arrêter ses cris... René Zazzo reprendra et approfondira les recherches autour du concept d'*attachement* et la conclusion deviendra évidente, lumineuse : « S'il en est bien ainsi, on doit abandonner la théorie freudienne selon laquelle la nourriture est le *seul* besoin originel dont la satisfaction entraîne la création d'un lien libidinal avec la nourrice[1]... »

Didier Anzieu confirme : « À côté de la succion, de la réplétion, de la réceptivité des objets internes, la peau joue un rôle au moins égal [...] ; elle se trouve stimulée à l'occasion des soins maternels par les bains, les lavages, les frottements, à l'occasion aussi du portage et des étreintes[2]... » Toutes sensations que le bébé peut éprouver avec un autre que la mère : il est loisible

1. René Zazzo, Didier Anzieu, John Bowlby, Rémy Chauvin et al., *L'Attachement*, Delachaux et Niestlé, 1991, p. 226.
2. *Ibid.*, p. 148.

d'observer à quel point tout enfant, avant la période sensible du sixième au huitième mois, accepte avec satisfaction d'être porté, bercé, balancé par tous les familiers de la maison.

Zazzo, encore lui, écrit : « L'attachement désigne un lien d'affection spécifique, premier lien qui s'établit en général avec la mère, mais il peut aussi s'accompagner d'attachements concomitants avec d'autres individus. [...] À qui l'enfant s'attache-t-il ? *Pas nécessairement à sa mère*... La voix du sang n'existe pas[1]. » Et Cyrille Koupernik s'avance encore un peu plus loin : « *L'attachement de l'enfant humain à la figure paternelle* a probablement été quelque peu négligé en raison de l'importance théorique conférée dans une optique œdipienne à la relation mère/enfant. Il y a certainement un malaise en ce qui concerne la relation père/enfant[2]. »

Cette théorie de l'attachement œdipien mère/enfant, ou plus justement mère/fils, énoncée par Freud, laisse la fille en suspens pour ce qui est de l'Œdipe, mais paraîtra incontournable à la plupart des analystes freudiens, et Zazzo prendra bien soin de dire que toutes les hypothèses sou-

1. *Ibid.*, p. 212.
2. *Ibid.*, p. 124.

levées par les différents chercheurs ne doivent pas apparaître comme des « attaques » dirigées contre la psychanalyse.

Il n'empêche : ces nouvelles hypothèses pourraient remettre en question l'établissement d'une relation exclusive avec une seule et même personne : la mère, et déboucher éventuellement, un jour, sur une révision déroutante de la pensée de Freud...

En faisant appel à d'autres disciplines que la leur, les psychanalystes seraient à même de porter un autre regard sur la façon dont l'enfant fonctionne au niveau de son premier attachement. C'est par une autre voie que celle de Freud que, sans renier ni le stade oral, ni le stade anal, ni l'Œdipe entre mère et fils, il est possible de déterminer pour l'enfant *de multiples attachements primaires* dont le père, en particulier, ne soit pas absent. Mis en présence de sa fille, celui-ci lui permettrait de traverser l'Œdipe comme il en va pour mère et fils.

On pourrait alors voir apparaître une autre figure de femme dont la seule explication ne serait pas, comme du temps de Freud : l'hystérie ! Hystérie due au désespoir de ne pas « être prise en considération » par l'homme (ou le père), et remplacée de nos jours par l'inévitable séduction de la femme vis-à-vis de ce dernier. Aucune femme ne peut en effet rester indifférente à l'avenir de sa fille, qui la renvoie à un présent ou à un passé tout fait de séduction et de soumission envers l'homme.

La place du père

Vous qui avez traversé ce moment unique de la naissance où l'on dépose sur votre sein un paquet de chair glissant et sanguinolent, ne savez-vous pas tout de suite que c'est *votre* enfant qui est là, puisque vous l'avez longtemps porté en vous, au milieu de vous ? N'avez-vous pas l'impression de l'avoir fabriqué, ce bébé ? Mais sentez-vous, savez-vous qui se trouve « en dehors » de ce sentiment de possession ? L'homme qui l'a déclenché, qui est à l'origine de l'événement, celui qui a mis votre machine conceptrice en marche... Le père est là, étonné, ahuri, presque choqué, car il ne l'imaginait pas ainsi le bébé de ses rêves, et il faut l'aider, il faut le lui donner, car il est à lui aussi... Parfois, vous le verrez, tout embarrassé, essuyer furtivement une larme d'émotion. C'est beau, une larme de père qui se voit tout à coup devenu guide et support de ce si petit enfant, alors que vous, vous avez déjà commencé, depuis neuf mois, à le soutenir, l'écouter, lui répondre à l'intérieur de votre ventre...

On invitera le père à sectionner le cordon qui relie encore votre corps à celui du bébé, en signe de coupure d'avec la mère : c'est à ce moment-là, en effet, que le père *s'inscrit en tiers* et s'introduit dans la dyade mère/enfant, la transformant en triade. Le père ne sera pas obligé de faire réellement ce geste si cela l'impressionne, mais on s'attachera à couper ce cordon devant vous et devant lui comme pour signifier : désormais, votre enfant est un être « libre », bien qu'impotent et misérable, et il a un devenir d'être humain, d'être social. Plus jamais il ne pourra revenir en arrière, et vous, les deux parents, allez l'aider à aller de l'avant, à grandir, à vous suivre (le garçon imitant le père, la fille imitant la mère), à vous aimer œdipiennement (le garçon avec sa mère, la fille avec son père). Le père prend alors la même importance que la mère du fait de l'identification de son fils et de l'Œdipe de sa fille qu'il est le seul à pouvoir assurer au sein du couple.

Ne jetez pas le père avec l'eau du bain, car le bébé en aura besoin, tout simplement parce qu'il est un homme et que vous êtes une femme, et que la formation, l'éducation comportent aussi une dimension sexuelle. Ne risquez pas de vous faire insulter un jour par un grand adolescent qui sera en colère d'être sans père ou d'avoir un père que vous n'avez eu de cesse d'écarter de sa route...

Vous l'écartez le plus souvent parce que vous le croyez incapable de s'occuper de l'enfant, mais vous vérifierez, plus loin, qu'aider un enfant n'est pas très difficile et que les pères peuvent fort bien l'apprendre aujourd'hui. Ils l'apprendront d'autant mieux qu'ils veulent que l'enfant s'attache pour toujours à eux, et vous serez la première à constater qu'avec le père, l'enfant n'est ni perdu ni abandonné : il est aimé d'une autre façon, tout aussi nécessaire.

Ne jouez pas les Clytemnestre (qui écarta son mari pour placer son amant sur le trône) si vous ne voulez pas que vos enfants se transforment en Oreste ou en Électre qui régleront son compte à une mère devenue détestable pour avoir rejeté en eux la moitié qui ne lui appartient pas : celle du père ! Même si vous en venez à devoir divorcer, n'oubliez pas cette loi : il est impossible à un enfant d'aimer vraiment celui qui méprise un de ses parents.

La communication première passe par le corps

Comment le père entrera-t-il en communication avec le bébé ? Comme tout un chacun : il commencera par le lien du corps, et s'occupera de lui physiquement.

Moi-même, habitant le sud de la France et ayant mes petits-enfants à Paris, je tâche, durant leur première année, de les voir fréquemment, et j'ai avec eux des systèmes de communication particuliers : un mouvement de tête, ou un bruit spécial, ou un même bracelet que l'enfant reconnaît de prime abord chez moi, après quoi tout le disque se déroule automatiquement : il me reconnaît tout entière comme quelqu'un à aimer et qui va faire quelque chose pour lui... La deuxième année, les dés sont jetés, je fais partie de son univers, je peux le prendre chez moi en l'absence de ses parents pour de courtes périodes ; mais, sans cette reconnaissance préalable, je risquerais fort d'avoir droit au désespoir et à des troubles du sommeil. Voilà des choses à savoir si vous voulez laisser vos enfants en toute sécurité chez quelqu'un à l'occasion d'un de vos départs : choisissez une personne que l'enfant connaît déjà bien plutôt que quelqu'un de gentil mais d'inconnu ; vous éviterez chez l'enfant une rupture du lien primitif.

Beaucoup de proches peuvent ainsi aider la mère et proposer à l'enfant une autre relation tout aussi sécurisante, et le premier à pouvoir prendre le relais et à rentrer dans la « bulle » de l'enfant, c'est évidemment le père s'il prend le temps de vivre quelques heures par jour près de lui. C'est pour cette raison qu'après un congé de naissance d'un mois, je souhaite pour le père un temps de travail aménagé (mi-temps) qui lui permette de passer la moitié de son temps avec l'enfant, et je souhaite la même chose pour la mère afin qu'elle ne rompe pas brusquement le lien primitif qui soutient l'enfant jusqu'à 8 mois et ne perde pas elle-même son propre emploi.

La reproduction des humains, désormais si bien contrôlée, devrait, après la naissance, continuer à bénéficier de la même maîtrise sous forme d'aménagements de cette sorte à l'intention des jeunes parents ; ainsi pourrait-on sans angoisse envisager d'agrandir sa famille au gré de ses désirs, sans tomber dans une dangereuse culpabilité à la perspective de ne pas parvenir à aimer suffisamment ses petits.

Dans le même sens, j'envisage un placement en crèche – privée ou publique – vers l'âge de 8 mois, dès que l'enfant donne, par ses pleurs lors du départ des parents, le signe qu'il les aime, les connaît et s'en souviendra jusqu'à leur retour. On peut difficilement supposer qu'un enfant de moins de 8 mois intègre sans angoisse dans sa « bulle » la présence de trente enfants inconnus et de leurs parents. En revanche, après que la communication sans paroles a servi à établir la relation durant les premiers mois, dès 8 ou 9 mois les balbutiements prennent le relais et les mots des parents signalant leur départ sont parfaitement reçus et reconnus par l'enfant, leur permettant de le laisser à quelqu'un d'autre sans souci.

En attendant, mères qui vous rendez coupables à cause de votre enfant, laissez le père entrer dans son monde corporel et sensoriel, et vous aurez ainsi établi un relais qui deviendra rapidement un lien aussi indispensable à son équilibre que votre présence de mère.

7

LA PREMIÈRE ANNÉE, OU L'ATTACHEMENT

Selon que vous considérez que la maternité est le principal rôle de votre vie ou que vous pensez que l'enfantement fait simplement partie de votre existence de femme, vous serez une femme et une mère à l'ancienne ou bien une femme moderne qui tient compte de son accomplissement et de sa réussite personnelle plutôt que d'y renoncer précocement au bénéfice de celle de son enfant. Ce que faisaient les mères d'autrefois quand elles poussaient devant elles leur nichée en espérant qu'on la remarquerait et que la vue de ces enfants déclencherait chez autrui un jugement aussi favorable pour elles-mêmes : elles étaient de « bonnes » mères.

Il y a cinquante ans, les femmes n'avaient guère accès à des professions intéressantes ou valorisantes, elles tendaient donc à exister à travers leur progéniture. Aujourd'hui, il n'en va plus de même, et le désir d'avoir un enfant en commun avec l'homme qu'elle aime ne doit pas porter ombrage ou préjudice à la carrière qu'une femme envisage pour elle-même. Mais comment remplir ces deux fonctions à la fois ? D'abord en ne vous obstinant pas à vouloir absolument rejoindre le mythe stéréotypé et obsolète de la « bonne » mère ; ensuite, en déléguant le plus possible et dans de bonnes conditions votre rôle de mère et peut-être aussi (si le texte de loi est voté) en vous soulageant d'une partie de votre travail.

Pour faire tout cela avec aisance et sans culpabilité, il convient d'être parfaitement au clair avec les lois inconscientes qui régissent votre bébé lors de ses premières années, voire, d'après ce que vous venez de lire au chapitre précédent, au cours de sa toute première année. Votre enfant a certes besoin d'une continuité affective, mais pas forcément de la vôtre. Un autre adulte admis par vous et reconnu par lui pourra constituer un parfait support de la relation d'objet primitive : père, gardienne, grands-parents, etc.

« On ne peut écarter l'hypothèse que l'enfant construit des attachements multiples qui peuvent se nourrir mutuellement ou se développer indépendamment... Les autres attachements auxquels on pense d'abord sont évidemment ceux qui peuvent s'établir avec les autres personnes du milieu familial, c'est-à-dire le père et les frères et sœurs », a écrit l'éthologue Hubert Montagner en 1988[1].

Je ne suis plus ton habitacle, mais tu ne m'as pas perdue...

Revenons à l'instant où l'on pose sur votre poitrine le bébé tout neuf et grimaçant que vous venez de pondre... Nous avons dit qu'il vous était déjà familier de par sa présence plus ou moins agitée dans votre ventre, mais vous êtes heureuse de le voir et, tout de suite, vous vous demandez à qui il peut bien ressembler : preuve que vous le voyez déjà comme une « suite » au sein de votre famille. Pourvu qu'à ce moment vous n'ayez pas l'envie immédiate d'en faire un être plus heureux que vous, ce qui vous pousserait inéluctablement à vous sacrifier pour vous recréer vous-même sous une autre forme !... Ce qui m'ennuierait, là-dedans, ce n'est pas qu'il existe mieux, mais que *vous*, vous existiez moins bien ! Car le désir de vivre de nos enfants ne tient pas à ce que nous

1. Hubert Montagner, *L'Attachement, les débuts de la tendresse*, éd. Odile Jacob, 1988.

attendons d'eux, mais bel et bien à ce qu'ils voient de la vie à travers nous, qui marchons devant eux.

Ce bébé va passer dans les mains de votre compagnon que vous verrez ému, bouleversé, réalisant brutalement sa place de père, de responsable de l'enfant... Ne vous pressez pas de récupérer cet enfant, car c'est aujourd'hui que le père devient « papa », tout comme vous êtes devenue mère le jour où vous avez appris qu'au fond de vous s'était installé un bébé dont vous seriez la « maman ».

À partir de maintenant, vous allez tous deux aider ce petit être vagissant à ne pas souffrir de son état de singe nu. En effet, après avoir coupé le cordon, on va l'habiller, ce qui n'est pas habituel pour lui qui jouait les grenouilles en milieu liquide. Mais, épuisé par une longue venue au monde, par ce dur passage de l'eau à l'air – après avoir lâché un premier cri qui ne signifie rien, si ce n'est qu'ouvrant la bouche pour avaler du liquide amniotique il a avalé de l'air, ce qui a déclenché chez lui sa première respiration sous forme de cri –, il va s'endormir pour plusieurs heures et partir dans des rêves dont nous ignorons tout. Car il n'a pas encore de pensée consciente, seulement des sensations qui s'enregistrent dans son cerveau inachevé et peuvent s'organiser en système comportemental : « ceci donne cela »...

Votre seule utilité va consister, dès son réveil, à lui parler doucement, car s'il reconnaît encore mal votre voix, entendue jusqu'ici à travers le milieu liquide, il en connaît bien la chanson. Vous le prendrez contre vous, à moins que ce ne soit le père, car de toute façon, ce qui l'aide aujourd'hui, c'est d'être porté, soutenu comme il l'était il y a encore quelques heures, ignorant tout du phénomène de pesanteur qu'il ressent à présent.

Votre bébé naissant souffre de « vide » : vide interne, parce qu'il avait l'habitude d'être plein, et vide externe, parce qu'il était entouré et porté dans un liquide à 37°C. C'est pourquoi il fait toujours très chaud dans les maternités, et c'est aussi la raison pour laquelle on vous conseillera de le mettre au sein dès le premier jour. S'il n'avale pas de lait, au moins pourra-t-il retrouver les mouvements de succion et de déglutition qui étaient les siens depuis plusieurs mois... Vite fatigué, il s'endormira plus facilement sur votre sein que dans son lit, car il y fait plus chaud et vos bras lui tiennent lieu de soutien. Il en va de même dans les bras du père, même si celui-ci ne dégage pas la même odeur que vous (en fait, celle du sein) ; il pourra marcher à travers la pièce et endormir ainsi le bébé. N'était-ce pas d'ailleurs de cette façon que le fœtus s'endormait lorsque vous bougiez ? C'est pourquoi le bercement est quelque chose de connu et de rassurant pour un nouveau-né. Vous-même étant fatiguée, laissez donc faire le père, s'il se trouve à ce moment-là dans la pièce.

La continuité vitale du premier attachement

Ce qui importe avant tout dans les premiers mois, c'est d'assurer la continuité de vie, car, malgré la rupture brutale de la naissance, l'enfant n'a besoin que d'une chose : une vie en continuité avec cette autre vie qu'il a connue dans l'utérus.

Cette continuité va être assurée durant les premiers mois par le père et la mère, mais aussi par tous les amis, parents, frères et sœurs qui prennent souvent le bébé dans leurs bras, se faisant ainsi « humer », « toucher » et « entendre » par lui qui, jusqu'au quatrième mois, ne voit pas assez clair pour distinguer les traits d'un visage, mais use d'autres systèmes de repérage – dont l'odorat – pour reconnaître les gens. Ainsi, grâce à ses perceptions sensorielles, rentrent dans la « bulle » de l'enfant beaucoup de gens, à condition qu'ils viennent assez souvent car, n'ayant encore qu'une mémoire sensorielle, il ne peut reconnaître les odeurs et les voix comme différentes de celles de ses parents et les intégrer que s'il les perçoit souvent. Chaque repérage humain nouveau fait avancer l'enfant dans la voie de l'habituation *à un autre être que la mère*.

Un bébé de quelques mois ou même de quelques jours est en effet très sociable, contrairement à ce que pense sa mère qui n'arrive pas à croire qu'elle n'est plus la seule indispensable ; en fait, il peut s'adapter *à toute autre personne* qui s'occupe souvent de lui ou vit dans sa proximité.

Ceci est à double tranchant, car, lors d'une trop longue absence, votre bébé peut s'attacher à sa nourrice et ne pas vous reconnaître comme parents, ce qui ne lui posera pas de problème, mais vous désolera ! Il ne faut pas : il vous suffira de vous faire réadmettre dans sa « bulle » dont vous étiez temporairement sortis...

Ne prévoyez pas de longs départs tant que votre enfant est âgé de moins de 8 mois, car vous l'obligeriez à vivre plusieurs jours avec un taux de libido abaissé puisque, vous absents, il perd un peu de cette libido, basée directement sur la vôtre au cours des premiers mois.

Êtes-vous encore complètement attachée à ce bébé après lecture de ces lignes ? Non, si vous

vous mettez désormais à compter avec le père, car il doit avoir une relation aussi forte que la vôtre avec cet enfant ! Et puis, il y a dans votre vie toutes les personnes proches de vous, familières de l'enfant, avec qui il se sentira en parfaite stabilité puisqu'eux aussi feront désormais partie de sa « bulle » ! N'hésitez donc pas, dans les tout premiers mois, à élargir cette « bulle » de l'attachement.

Si vous devez prendre une nourrice pour votre enfant de 2 mois, elle doit au préalable vous assurer de sa disponibilité pour les six mois à venir, car il est plus traumatique pour un enfant de changer de « nounou » dans ses tout premiers mois d'existence que lorsqu'il a 2 ans (contrairement à ce qu'on croit, le petit bébé au-dessous de 8 mois, ne se différenciant pas de la personne qui s'occupe de lui, perdra un peu de lui-même en perdant l'autre, tandis que l'enfant de 2 ans, devenu un individu autonome, sera attristé par ce départ, mais ne sera affecté en rien dans sa structure profonde).

Il faut toujours opérer cette distinction importante entre la première année, au cours de laquelle l'enfant ne se distingue pas de l'Autre, n'a pas les moyens de se défendre de lui, et la deuxième année où l'enfant marche, sait ce qui lui arrive, peut parfois même se défendre de l'adulte, en tout cas être aidé par les mots et gestes de ses parents.

C'est pourquoi j'ai écrit dans mon *Petit livre à l'usage des pères*[1] qu'il me semblerait idéal que les deux parents puissent assurer à tour de rôle la garde de l'enfant jusqu'à 8 mois. La mise en crèche pourra s'effectuer sans trop de difficultés dès que l'enfant présentera le signe de son attachement à ses parents : il pleurera dès qu'il les verra partir. À cet instant, ne vous catastrophez pas : votre enfant vous dit au revoir à sa façon, mais, d'ici quelques minutes, une éducatrice connue de lui viendra prendre le relais de l'attachement primaire, et le tour sera joué !

Les zones de jouissance du bébé

On n'a pas assez dit aux éducateurs des nouveau-nés que, si procéder à leur toilette et à leur change est indispensable et hygiénique, c'est surtout « jouissif » pour l'enfant qui possède en cet endroit une concentration de cellules sensitives qui seront celles de l'excitation sexuelle adulte. Déjà, il éprouve là des sensations particulièrement agréables : regardez le petit garçon et

1. Fayard, 1999.

son érection fréquente, la petite fille qui se met à pédaler, frottant ses petites lèvres l'une contre l'autre, ou plus simplement s'immobilisant comme pour mieux ressentir son plaisir d'être caressée. C'est la préfiguration de la masturbation qui se manifestera aux alentours de 3 ans dès que vous laisserez l'enfant déambuler nu. Masturbation normale tant qu'elle reste passagère et aléatoire.

Cette zone sexuelle est un lieu de rencontre entre l'adulte et le bébé. Là, comme avec le biberon, le parent ou son substitut apporte du plaisir à l'enfant. Pourquoi incriminer si régulièrement les pères de tendances incestueuses alors que tout adulte qui s'occupe du sexe d'un bébé déclenche en lui des sensations ? D'ailleurs, pourquoi la religion catholique, qui s'est voulue entièrement sublimatoire de la sexualité, a-t-elle fait de Marie une vierge ignorante du sexe, si ce n'est pour la rendre incapable de recevoir ou prodiguer de telles sensations ? Mais, mères et pères, vous êtes des êtres vivants et donc sexués, et votre enfant ne doit pas vous étonner et encore moins vous choquer s'il vous donne aussi en ce domaine des signes de ressemblance avec vous ! Votre bébé est sexué, sensuel, et puisqu'il vous faut veiller en tant que parents à son hygiène, vous lui ferez quand même sa toilette, que vous soyez homme ou femme.

Ce que vous pourrez relever d'analogue chez les deux parents, c'est que chacun est alors plus familier ou plus à l'aise avec l'enfant du même sexe que le sien. Seul l'Œdipe découvert par Freud fait de l'enfant mâle le sujet idéal de la mère sans pénis, fixation particulière au corps de celui qui a « ce qui lui manque », fixation entourée d'interdits destinés à éviter de retrouver le petit garçon dans le lit de sa mère à 4 ans.

Mais Freud n'avait pas vu que la même histoire du « manque comblé par l'enfant de sexe opposé » pouvait se jouer pour le père avec sa fille, car, à son époque, les pères étaient écartés de la relation corporelle avec les enfants (père identifié à un père idéal).

De nos jours, l'homme étant reconnu comme aussi « parental » que la mère, et tout aussi nécessaire à l'enfant, le problème de l'Œdipe avec la fille apparaît au grand jour, et il ne se trouve personne qui ne reconnaisse qu'il est normal d'aimer sa différence d'une façon dite œdipienne. Cette sorte d'amour est d'ailleurs balisée par toutes sortes d'interdits portant sur le corps et le sexe de l'enfant différent de soi, interdits qu'on ne retrouve pas dans la relation avec l'enfant de même sexe que soi.

Je ne vois rien là que les femmes ne sachent de leur côté et ne reconnaissent vis-à-vis de leur petit garçon ! Pourquoi crier au scandale quand la même situation se reproduit entre père et fille ?

Cette situation œdipienne est repérée par l'enfant à l'âge de 18 mois (âge où il constate la différence entre les corps de ses parents, et pose des questions sur « en avoir ou pas »), mais ne s'exprime qu'à 3 ans, lorsque l'enfant est à même de comprendre que ses parents, différents de corps, sont mariés. Chaque mère a alors droit à la fameuse question œdipienne : « Maman, quand je serai grand, on se mariera ? » – à laquelle elle doit répondre immédiatement par la négative, disant (si elle est mariée) qu'elle est déjà avec un homme choisi par elle, ou (si elle est seule) qu'elle n'épouse pas les petits garçons... Et que le sien doit donc en chercher une autre comme femme !

Il arrive maintenant de plus en plus souvent à des pères paternants d'entendre leur petite fille leur poser la fameuse question qui appelle la même réponse, si bien que l'enfant peut commencer à avoir des attirances vis-à-vis de certains garçons ou filles de son entourage, le parent ayant renvoyé le problème du mariage à l'extérieur de la famille.

Non, les hommes ne doivent pas, en cas de difficultés affectives ou sexuelles dans le couple, être fatalement incriminés de manœuvres incestueuses parce que leur fille traverse avec eux la phase œdipienne fondatrice de tout amour hétérosexuel adulte !

Introduction à la sublimation

Dès la première année, le père comme la mère vont travailler, en le sachant ou pas, à développer le phénomène de sublimation chez le bébé : ils vont le détourner d'un besoin primaire pour l'orienter vers un autre intérêt d'ordre plus « intellectuel » : la mère qui, pour le distraire, fait tinter le hochet devant les yeux du bébé, le détourne ainsi de son besoin plus immédiat de se nourrir ou d'être pris dans les bras ; les oreilles du bébé deviennent alors plus importantes que son ventre, et il regarde (vers 3 mois) intensément l'objet coloré qui fait du bruit, cherchant à comprendre si ce bruit vient de la mère ou de l'objet. Il comprendra peu à peu qu'il est lui-même maître de ce bruit : c'est chez lui un des premiers raisonnements logiques que vous pouvez déclencher aussi bien avec un autre objet familier (cuillère, casse-noix ou tout autre objet non contondant) : l'enfant s'arrête de pleurer et regarde avant de comprendre. Pour y parvenir, il lui faudra encore un peu de temps, car s'il dispose de la vue entre 3 et 4 mois, il devra attendre le cinquième mois avant de pouvoir s'emparer d'un objet...

Les parents sont les premiers éducateurs de leur enfant, et ce dès sa première année de vie. Ce sont eux qui introduisent peu à peu le monde extérieur dans la vie de l'enfant, faisant de lui un être curieux et interactif.

Un papa qui tient son enfant devant la télé ou devant la fenêtre lui fait découvrir un autre monde que son berceau et le fait donc avancer culturellement, surtout s'il lui parle en même temps. Tout le monde n'a pas le goût de jouer avec son enfant, mais ce n'est pas nécessaire au cours de la première année : il suffit de prendre l'enfant avec soi et de continuer à mener sa vie avec tous ses mouvements, tous ses bruitages habituels ; dès son quatrième mois, c'est un véritable cinéma pour l'enfant. Que faisons-nous d'ailleurs, trente ans plus tard, à la télé ou au cinéma, si ce n'est regarder et écouter ce que font et disent les autres ? Votre enfant est pareil : simplement, il n'a pas besoin de spectaculaires cascades de voitures, car, pour lui, tout est nouveau : une fenêtre qui s'ouvre, une cocotte-minute qui lâche sa vapeur, un couteau qui tombe, le téléphone qui sonne, etc.

Tout en ayant évoqué différents sujets, nous n'avons pratiquement jamais quitté cette idée centrale que l'enfant doit rester dans une *continuité de vie* avec ceux qui l'aiment, et que c'est dans ce bain de vie journalière qu'il s'épanouira le mieux au cours des tout premiers mois.

Surtout, rendez-vous compte qu'il ne faut aucune formation spécialisée pour aider à se développer un petit bébé de moins d'un an, et que père et mère peuvent fort bien se partager le temps de l'éveil du nourrisson (pourvu que la loi veuille bien accorder à chacun un emploi à temps partiel pendant six mois, venant à la suite du mois de congé parental lié à la naissance).

8

LA DEUXIÈME ANNÉE, OU LA RENCONTRE DE L'INTERDIT

La première année se termine avec un bébé qui est près de marcher et qui débute dans le langage. Si vous avez veillé à ce que son lien d'attachement avec vous et vos familiers ne se brise pas, votre enfant va bien : il pleure, il rit, il joue et prend sa tétine quand il est fatigué. Il ne donne aucune manifestation d'inquiétude ou d'angoisse : en particulier, il mange bien, dort bien, ne se montre pas sauvage avec les étrangers, mais intéressé.

Vous avez déjà accompli avec lui un bon bout de chemin, et il ne vous reste maintenant qu'à faire son éducation, car il va se mettre sur ses pieds et marcher, il va attraper tout ce qui dépasse : rangez donc vos affaires précieuses assez haut, et si vous n'avez pas le temps de le surveiller, mettez-le dans le parc ou dans son baby-trott, car vous serez sûre qu'ainsi il ne lui arrivera pas de malheurs ou qu'il n'en commettra pas...

La vie pourrait être facile... Hélas, le petit drôle ne voudra pas rester toujours dans son parc et, dès 14 mois, voire plus tôt, il demandera à en sortir en vous tendant les bras pour partir de son pas chancelant à travers tout l'appartement. Ne vous inquiétez pas à cause des prises électriques : elles sont aujourd'hui suffisamment protégées pour que l'enfant ne puisse pas s'électrocuter ; par contre, attention à tous les fils et multiprises qui traînent un peu partout entre télé, radio, ordinateur, chaîne hi-fi, Internet, etc.

Mais l'essentiel ici est de parler de la Loi. De votre Loi : car chacun a la sienne et il convient que père et mère se soient mis d'accord sur ce qu'ils interdiront définitivement à l'enfant. Là commencent les difficultés, car c'est celui des deux qui aura le cœur tendre qui dérogera le premier à la Loi en laissant l'enfant jouer avec ses lunettes, par exemple. Ce sera souvent la mère, qui continue à vouloir être aimée de l'enfant et croit que, pour cela, il lui faut accéder à tous ses désirs... Pourquoi les femmes veulent-elles tant d'amour ? Cela a été étudié et débattu bien souvent[1] et n'est pas l'objet de ce petit manuel.

1. Robin Norwood, *Ces femmes qui aiment trop*, éd. J'ai lu, 1998. Christiane Olivier, *Les Enfants de Jocaste*, éd. Denoël, 1980.

Un des deux parents est-il mieux indiqué que l'autre pour dire ce qui est interdit, ainsi que le supposent Lacan, Clerget ou Naouri ? Non, tout adulte « reconnu et aimé de l'enfant » peut le gronder s'il transgresse les limites du raisonnable. Il y a des pays, en particulier en Afrique, où la Loi se trouve dans la rue du village, et où ce sont les « sages » ou les aïeux qui l'énoncent et la font respecter en grondant eux-mêmes les enfants sans que personne trouve la chose anormale ou déplacée.

Il en fut longtemps ainsi chez nous, surtout dans les campagnes, mais nous vivons de plus en plus dans des villes, au sein de familles cellulaires où l'enfant n'est plus un petit citoyen de la société, mais un « bien » appartenant aux parents, et malheur à qui l'oublierait et tancerait l'enfant d'un autre !

En 1969, étant en vacances au bord de la mer avec les miens et deux autres couples ayant aussi des enfants, mon fils étant le plus jeune de la bande, j'avais pris soin de recommander aux autres de garer leurs trésors, de ne pas laisser traîner leurs papiers, crayons et autres accessoires... Ce qui ne m'empêcha pas d'avoir droit à une altercation de la part d'un père courroucé, mon fils ayant déchiré l'image fétiche que le sien avait laissée traîner dans le living. Je me permis de dire, en forme d'excuse, que j'avais prévenu du fait que Jérôme était en plein âge fureteur et qu'il fallait s'en méfier, et que je ne comprenais d'ailleurs pas pourquoi il n'avait pas grondé lui-même mon fils. Il me fut répondu : « Ton fils est à toi et je n'y toucherais pour rien au monde. » À quoi il ajouta : « Tout comme toi, tu n'as rien à dire à mon enfant s'il commet une bêtise : j'en suis seul responsable. » J'ai compris ce jour-là que quelque chose avait profondément changé sur le plan éducatif aux alentours de 1968... La génération des adultes ayant perdu ses prérogatives sociétales, chacun était ramené à sa loi personnelle au sein de son propre foyer. C'est à partir de là que certaines familles n'ont plus eu d'autre loi que la leur, et c'est à partir de là qu'un adulte ou un instituteur, reprenant à bon escient un enfant fautif, a commencé à risquer de se voir accuser de « violence » envers un enfant sans défense, puisque sans parents !

On peut comprendre aujourd'hui la déroute des enseignants face à la non-reconnaissance de leur autorité, mise en balance avec le récit d'un enfant qui sait qu'il aura toujours raison auprès de ses parents.

La Loi avec un grand « L » n'existe plus, il n'existe plus que des lois privatives, et ce qui est mal pour Floriane n'est pas forcément mal pour Arthur. La Loi étant devenue « familiale » et non plus « sociale », ce sera donc à vous de la faire connaître et admettre à vos enfants. Et surtout, ne dites pas : « Il est interdit d'interdire », car alors, qui éduquera vos enfants ?

Vous verriez la tête des gens dans la salle quand, au cours d'une conférence, je déclare qu'avant de mettre son enfant dans une école, on devrait signer un contrat de confiance par lequel le parent se déchargerait de son autorité sur l'enseignant pendant les heures de scolarité... Silence dans les rangs ! On réfléchit... « Combien de profs sont plus sadiques que moi ? Combien de profs sont des séducteurs d'enfants ? » Silence, puis, tout à coup, j'entends une voix : « Mais, madame, on ne peut accorder une telle confiance à un inconnu qui, à partir de là, pourra se sentir tout permis ! »

C'est ainsi que la confiance s'est écroulée entre adultes : la Loi des uns n'est plus celle des autres. Il faudrait vite amener parents et enfants à l'école pour leur faire entendre des leçons d'éducation civique !

Mais votre enfant n'en est pas là et je vais tout faire pour qu'il n'en arrive pas là !...

Donc, reprenons : votre bébé d'un an s'attaque à votre sac à main ou à la serviette de son père. Allez-vous retirer l'objet sans rien dire, ou allez-vous expliquer que c'est défendu et que, s'il recommence, vous le gronderez très fort ? S'il prend le camion de son frère aîné et le démantibule entièrement pour voir comment c'est fait, qu'allez-vous dire ? Pensez-vous que l'aîné est mieux à même de supporter la frustration que le petit la punition ?

C'est là qu'il faut vous armer de courage dès la seconde année de vie de votre enfant ; vous devez vous dire que plus il intégrera rapidement les interdictions, plus elles s'inscriront définitivement en lui, et que si votre tendre cœur de mère trouve l'enfant trop petit pour être grondé, dans quelques années, ce même cœur pleurera et saignera face à l'incontrôlable violence du même enfant devenu grand.

La première année est tendre, la deuxième est tendre et sévère, la troisième est tendre, sévère et sociale : voilà des étapes à ne jamais oublier.

Si vous êtes sévère la première année : erreur ! Votre enfant ressent qu'il n'est pas compris, qu'il est « seul » ; il va se consoler lui-même avec sa tétine, puis il se consolera vers 14 ans avec la cigarette, puis avec du « shit » à 15 ans et peut-être de l'alcool à 17... Cette forme de consolation de soi par soi-même s'appelle un comportement « additif » : pour vivre, il aura besoin de s'ajouter (d'ingérer) quelque chose qui lui fasse du bien au-dedans de lui-même...

Si vous n'êtes pas sévère la deuxième année : erreur ! Votre enfant devient de plus en plus envahissant, il prend trop d'importance dans votre vie et vous avez l'impression qu'il ne vous aime pas. C'est qu'il a compris que si vous ne le grondiez pas, c'était par peur d'être vous-même mal aimante ! C'est ce qui va le rendre agressif avec tout le monde dans la mesure où il aura toujours l'impression que quelque chose dans son univers n'est pas juste !

Si vous ne le quittez pas à sa troisième année au bénéfice des autres enfants de la maternelle, il ne se confrontera pas au désir de ceux-ci et ne tiendra pas compte de leur existence ni de leurs désirs, alors qu'il est là pour apprendre qu'il peut avoir des amis et partager les choses avec eux.

Si la deuxième année est la plus dure sur le plan éducatif, c'est qu'elle suppose de votre part une grande certitude d'aimer l'enfant qui, sous vos yeux, va se livrer à toutes les manifestations de la rage et du désespoir, se roulant par terre, hurlant, donnant des coups de pied contre les murs, voire contre vous-même dès que vous lui interdirez quelque chose... Dites-vous que c'est son *deal* à lui qu'il joue en essayant de l'emporter sur votre volonté, et que cela veut simplement dire qu'il a du caractère... et que vous devez en avoir au moins autant que lui ! Sans cela, ayant espoir de gagner, il va multiplier ses démonstrations de force, refusant les choses les plus élémentaires comme s'habiller, manger ou dormir... Il doit donc sentir chez vous une fermeté inébranlable, une capacité à supporter les hauts et les bas d'un amour parental dont vous, le père comme la mère, vous êtes sûrs. Souvenez-vous, plus que jamais à ce moment-là, que l'amour n'est pas linéaire, mais sinusoïdal !

Évidemment que l'enfant aura plus de facilité à céder avec le parent qui n'aura pas lancé l'interdiction, mais, s'il lui fait abandonner sa rage, l'autre parent devra toujours, dans le même temps, réaffirmer la justesse de l'interdiction formulée. Autrement dit, quel que soit celui qui énonce l'interdit, l'enfant doit savoir qu'il est commun aux deux parents. Même si l'un de vous envoie l'enfant dans sa chambre et que l'autre le prive de télé, vous êtes tous deux d'accord sur le fait qu'il faut une punition.

Les sanctions parentales ne sont pas toujours du même ordre selon le caractère du parent, mais la claque ne sera administrée que de façon exceptionnelle (à vous d'en juger), dans un cas d'opposition renouvelée et *sans rage de votre part.*

C'est parfois dans ce genre d'épisodes que, si le couple n'est pas très soudé, l'enfant risque de se transformer en punching-ball entre ses parents vraiment opposés à l'occasion de drames qui l'impliquent, lui qui cherche sa route entre deux adultes aussi différents et divergents. En effet, l'opposition de l'enfant à vos désirs n'est là que pour signifier que lui, enfant, existe « indépendamment » de ses parents, et le « non » qu'il profère dans sa deuxième année n'a d'autre but que de vous aviser qu'il est sorti de la fusion avec ses parents et qu'il va maintenant décider seul de ses désirs. Il n'imagine pas que cela puisse vous contrarier parfois... Mais, dans la mesure où son désir de prendre, de faire ou de jeter porte sur des objets qui ne sont pas à lui, mais à vous, défendez-vous de lui, ne le laissez jamais croire que vous supportez qu'il touche à vos affaires ! Vous ne voulez pas qu'il casse ni vos affaires ni vous-même, et si vous acceptez de supporter son indépendance, vous ne tolérez pas son manque de respect envers les autres. C'est avec vous qu'il apprendra la loi : « Ce qui est à moi n'est pas aux autres... et réciproquement. »

Les jours de colère, restez un moment assis comme chaque soir à son chevet et lisez-lui un conte dans lequel un ogre désire manger tout et tout le monde... Faites-lui remarquer qu'aujourd'hui, il a fait l'ogre, mais que les ogres ça n'existe pas vraiment, que Sylvain est maintenant redevenu votre petit garçon et que ni lui ni vous n'êtes en rien des ogres... Les contes d'autrefois exerçaient un effet psychodramatique certain sur les enfants, et le fait de les aseptiser, comme s'y emploient les gentils parents d'aujourd'hui, n'apporte rien de bon à l'enfant, ainsi conforté dans l'idée que « tout le monde il est beau, tout le monde il est gentil », vision totalement erronée qui ne fait aucune place à une agressivité dont il a besoin pour se défendre dans la vie, ni à une violence nécessaire en cas de catastrophe...

Les mères qui veulent être « bonnes » ont pour fantasme d'avoir des enfants « heureux » dans leur premier âge, et « gentils » dans leur deuxième année, ce qui les amène à ne pas se montrer sévères quand il le faut et ce qui amène l'enfant à vouloir imposer ses désirs aux autres, ou encore, pour ne pas contrarier maman, à devenir un enfant « facile », qui ne fait rien et n'a aucun désir personnel – la télé devenant son éducateur principal (c'est lui qu'on retrouvera à l'adolescence sans projet de vie).

Vient en tout cas un moment où l'enfant a besoin de se défendre et non pas d'accepter : lorsque nous avons un deuxième enfant, il est normal que le premier en prenne ombrage, se déclare lésé d'une partie de l'amour des parents, et ce n'est qu'objectivité et justice de sa part que de se mettre en colère contre ce qu'il prend pour une erreur ou une trahison. Ne nous étonnons pas de trouver l'aîné en train d'essayer de virer le couffin où dort le tout petit, ne nous étonnons pas qu'il réclame les mêmes faveurs et tolérances, et redevienne incontinent alors qu'il était propre...

À nous de lui dire qu'il n'est pas obligé d'accepter ni d'aimer le nouveau venu, mais que nous l'avons fait pour le protéger de tout mal, y compris des attaques de son grand frère... On accepte d'ailleurs plus facilement un puîné différent de soi, car les comparaisons deviennent alors moins évidentes, mais les parents ne sont naturellement pas maîtres de ce genre de choses...

Jalousie et caprices peuvent donner lieu, la nuit, à des rêves de terreur où l'enfant se retrouve menacé par tout ce qu'il a souhaité à l'autre durant le jour : ne vous en inquiétez pas outre mesure, mais levez-vous pour manifester que vous êtes encore bien vivants et que le cauchemar n'existe que dans la tête et l'inconscient de celui qui l'a fait.

Je pourrais encore discourir longtemps sur les réactions nombreuses et toutes significatives émanant d'enfants de 2 à 3 ans, mais beaucoup de livres et d'articles l'ont fait et le feront pour moi. Je me contenterai de vous dire que, vers 3 ans, l'enfant, étant en général en maternelle, aura l'occasion de sublimer ses désirs : il vous racontera ce qui est arrivé à Lucile qui n'a pas été sage, et vous verrez que, si vous avez fait votre travail de parent interdicteur vis-à-vis du mal fait à l'autre, presque toujours, la maîtresse aura eu raison d'avoir puni Lucile qui tirait les cheveux d'Antoine... Vous verrez aussi les jolis dessins qu'a faits votre enfant dans le secret espoir de vous les montrer... Il est parti pour l'identification et aspire à rejoindre l'adulte : il veut être « pâtissier », puis « camionneur », puis « pompier »... Laissez-le rêver à sa vie d'adulte, laissez-le dessiner ses bonshommes ou ses géants, le soleil, la pluie, l'orage ou l'incendie : de toute façon, même avec un crayon, l'enfant vous parle de lui et de son monde. C'est ce qui est merveilleux quand on est parents : on a beau être devenus peu à peu raisonnables et réalistes, on s'extasie devant des dessins informes dont l'enfant se mêle de nous expliquer les symboles invisibles...

Maman restera toujours la fée qui peut transformer le monde, et papa le géant qui peut venir vous sauver en une seule enjambée. N'entend-on pas parfois des hommes de 65 ans nous dire avec émotion qu'ils ont quelque part une vieille mère encore heureusement en vie, et si merveilleuse ? Nous pensons qu'ils nous racontent l'histoire d'autrefois, quand les mères étaient des saintes, et les pères des hommes absents ou coureurs... Depuis lors, on a compris qu'aucune jeune femme ne sera jamais à même de triompher d'une telle belle-mère. Ne soyez donc ni sainte ni parfaite, mais « suffisante », car vos fils ne trouveront pas d'anges sur leur route !

« Le péché n'est pas apparu le jour où Ève a cueilli une pomme : ce jour-là naquit une vertu magnifique qui s'appelle la désobéissance. Enfin, tu devras te battre pour prouver que dans ton corps lisse et rond existe une intelligence qui crie son droit d'être écoutée. Être mère n'est pas un métier. Ce n'est pas même un devoir. Ce n'est qu'un droit parmi d'autres. »

Oriana Fallaci, *Lettre à un enfant jamais né.*

TABLE

Achevé d'imprimer en mai 2000
sur presse Cameron
par ***Bussière Camedan Imprimeries***
à Saint-Amand-Montrond (Cher)
pour le compte de la Librairie Arthème Fayard
75, rue des Saints-Pères, 75006 Paris

35-57-0864-01/5

ISBN 2-213-60664-1

Dépôt légal : mai 2000.
N° d'Édition : 03460. – N° d'Impression : 002223/1.

Imprimé en France